Günther Emlein, Wolfgang A. Kasper
FlächenLesen

W0191570

Günther Emlein, Wolfgang A. Kasper

FlächenLesen

Die Vielfalt der Schnell-Lesetechniken optimal nutzen

VAK Verlags GmbH
Kirchzarten bei Freiburg

Die Deutsche Bibliothek – CIP-Einheitsaufnahme
Emlein, Günther:
FlächenLesen: die Vielfalt der Schnell-Lesetechniken optimal nutzen/
Günther Emlein; Wolfgang A. Kasper. –
Kirchzarten bei Freiburg: VAK-Verl.-GmbH, 2000
ISBN 3-932098-44-7

2. Auflage, Januar 2001
© VAK Verlags GmbH, Kirchzarten bei Freiburg 2000
Abbildungen: Günther Emlein, Wolfgang A. Kasper
Lektorat: Norbert Gehlen
Umschlag: Hugo Waschkowski
Satz und Druck: Clausen & Bosse, Leck
Printed in Germany
ISBN 3-932098-44-7

Inhalt

Vorwort

Es gehört zu den gesicherten Erkenntnissen der Leseforschung, dass ein subjektives Verständnis des Leselernprozesses (Metawissen) einen Einfluss auf den Schriftspracherwerb und die Leseleistungen hat. Leseanfänger oder schlechte Leser, die diesen Prozess als Entschlüsseln von Wörtern, Silben oder Buchstaben verstehen, haben einen anderen Zugang zum Lesen als ältere Schüler und bessere Leser, die ihre Aktivität als Informationsentnahme einordnen. So ist auch plausibel, dass unser aktuelles Verständnis des Lesens, abhängig unter anderem von Kontext und Vorerfahrungen, unsere Leseleistungen beeinflusst. Man wird – zumeist vorbewusst – anders vorgehen, wenn man ungewohnte Begriffe erliest, wenn man den Schönheiten der sprachlichen Formulierungen folgt oder wenn man wichtige Informationen möglichst zeitsparend und erfolgreich entnehmen will.

Die nachfolgend vorgeschlagenen Strategien unterstützen den letztgenannten Leseprozess, indem sie sowohl das Metawissen aktivieren als auch zielgerichtet Hilfen bereitstellen, wie man die kontextbezogene Leseleistung verbessern kann.

Es ist den Autoren hierbei zweierlei gelungen. Zum einen stellen sie solche Strategien vor, die im Rahmen der Leseforschung plausibel und einer empirischen Überprüfung zugänglich sind. Zum anderen bieten die unterschiedlichen Vorschläge die Möglichkeit, individuell, das heißt den je eigenen Vorerfahrungen und Kontexten, Fertigkeiten und Bedürfnissen entsprechend, neue Lesegewohnheiten zu entwickeln und diese flexibel zu nutzen. Man kann sich auswählen, was einem selbst liegt.

7

Die positiven Rückmeldungen aus den Workshops und Seminaren, in denen die vorgestellten Strategien vermittelt und weiterentwickelt wurden, versprechen eine anregende und erfolgreiche Bearbeitung der vorliegenden Schrift.

Eine persönliche Bemerkung zum Ende: Wie viele andere, die über den Schriftspracherwerb geforscht haben, beobachtete auch ich die je unterschiedlichen Strategien und Fortschritte meiner Kinder beim Lesenlernen. Meine älteste Tochter, gegenwärtig Studentin, die – vor und trotz Deutschunterricht – sehr schnell und eigenständig Lesekompetenz erworben hatte, bemerkte während eines Besuchs das vorliegende Manuskript und blätterte die ersten Seiten rasch durch. Es lag nahe, sie bei der Thematik des FlächenLesens zu fragen, ob sie den Inhalt wiedergeben könne. Sie tat mir den Gefallen und meinte zusammenfassend: „So geht's wahrscheinlich auch!"

Heidelberg, im Januar 2000

Prof. Dr. Karl Ludwig Holtz,
Pädagogische Hochschule Heidelberg

Schneller lesen –
mit FlächenLesen keine Kunst!

FlächenLesen – die neue Leseidee

Dieses Buch ist der Ertrag aus einer ganzen Reihe von Seminaren zum Thema „FlächenLesen". Wir zeigen Ihnen, wie Ihr künftiges Lesen *schnell, leicht* und dennoch *gründlich* wird!

Sie werden mit Leichtigkeit und Spaß lesen und Sie werden mit einer vielfachen Geschwindigkeit lesen, fast mit „Lichtgeschwindigkeit". Wir laden Sie ein: Schöpfen Sie Ihr eigenes Potenzial in Zukunft mehr aus. Genau diesen Weg will unser Buch Ihnen ermöglichen.

Schon bei unserer „langsamsten" Lesemethode lesen Sie mehrfach schneller als bisher. Ihre Lesegeschwindigkeit kann bis an den Punkt gehen, an welchem Sie nicht mehr einzelne Wörter und Zeilen, sondern ganze Textseiten („Flächen"!) aufnehmen – auf eine ganz andere als die traditionelle Leseweise. Und bei mehr als 100 Seiten pro Minute sind Sie noch lange nicht am Ende Ihrer Möglichkeiten. Wir versprechen Ihnen also eine ganze Menge – und wir gedenken, unser Versprechen auch einzuhalten.

Vielleicht sind Sie schon lange auf der Suche nach der für Sie passenden Anleitung zum Schnell-Lesen. (Nach der neuen Rechtschreibung könnte es hier auch Schnelllesen heißen – das finden wir nicht gerade lesefreundlich. Deshalb setzen wir in diesem Ausnahmefall einen Bindestrich, um Ihnen, liebe Leser, leichteres und schnelleres Lesen zu ermöglichen.) Sie haben womöglich schon Verschiedenes ausprobiert, aber nichts hat Sie so richtig überzeugt. Die eine Schrift empfiehlt unentwegt Übungen und Trainings; die andere verspricht Ihnen hinsichtlich Ihrer Lesemöglichkeiten „das Blaue vom Himmel" herunter. Vielleicht haben Sie – zu Recht enttäuscht – solche Bücher wieder beiseite gelegt.

Möglicherweise haben Sie schon einmal an einem Seminar über Schnell-Lesetechniken teilgenommen. Und heute, ein paar Jahre später, merken Sie: Sie sind in Ihre alten Lesegewohnheiten zurückgefallen. Sie haben die früheren „Lesetricks" anscheinend nicht verstanden oder nicht ausreichend geübt. Es ist kaum etwas oder doch nur wenig hängen geblieben. Wir finden dies schade. Daher haben wir es uns zur Aufgabe gemacht, *FlächenLesen* leicht verständlich zu gestalten und mit möglichst wenig „Übung und Training" auszustatten, so dass Sie Ihr neu erworbenes Lese-Know-how sofort in Ihren Lesealltag integrieren können. Vielleicht möchten Sie einfach wieder ein Buch mit etwas Freude in die Hand nehmen können …

Der Titel *FlächenLesen* weist auf das Programm hin: Schnell-Lesen heißt für uns, nicht mehr mit Wörtern und Zeilen zu arbeiten, auch nicht mehr mit einzelnen Sätzen, sondern *ganze Flächen* aufzunehmen und zu verarbeiten. Die Art und Weise, zu lesen, Informationen aufzunehmen und zu verarbeiten ist eine völlig andere als die bekannte und übliche Art zu lesen. Wir laden Sie ein zu einem Quantensprung.

Aufgrund des Quantensprungs lesen Sie künftig leichter und mit mehr Spaß, obwohl Sie mehr Informationen verarbeiten als je. Sie bearbeiten Ihre Texte aber anders – und das macht das Lesen (künftig) so leicht.

FlächenLesen besteht nicht aus einer exklusiven Methodik des Schnell-Lesens. Es ist vielmehr ein System aus mehreren Komponenten, die fein aufeinander abgestimmt sind. Es bietet Ihnen leicht erlernbare Bausteine. Unser System leitet Sie an, eine konstruktive Haltung zum Lesen zu finden. Es ist für Ihren künftigen Leseerfolg nicht notwendig, dass Sie sich das angebotene Paket als *Ganzes* aneignen. Sie können und sollen jeden Vorschlag einzeln testen und selbst entscheiden, ob er Sie überzeugt. Ob Sie nun viel oder wenig für sich übernehmen: Sie werden an sich selbst in jedem Fall eine Änderung Ihres Lese- und Arbeitsverhaltens feststellen. Die Arbeit wird Ihnen zunehmend leichter fallen und zügiger von der Hand gehen.

Dies macht FlächenLesen „*anders*" als andere Schnell-Lesemethoden: Wir bieten Ihnen nicht die *eine*, richtige Art zu lesen, sondern stellen Ihnen einen ganzen „Handwerkskasten" an Möglichkeiten zur Verfügung – und *Sie selbst* stellen sich daraus Ihr künftiges Lese-Handwerkszeug zusammen. Wir möchten verhindern, dass Sie mit einer Schnell-Lesemethode scheitern, von der Sie meinen, es sei genau die „*richtige*", obwohl genau diese nicht zu Ihnen passt (aus welchen Gründen auch immer).

Eines werden Sie in diesem Buch nicht lernen: die einzig „*richtige*" Schnell-Lesetechnik! Wir versprechen Ihnen auch nicht die Veränderung Ihres gesamten (Arbeits-)Lebens – nur weil Sie dauerhaft deutlich schneller lesen als zuvor.

Was Sie in diesem Buch finden

Wir stellen Ihnen vor, aus welchen Bausteinen FlächenLesen besteht und wie Sie sich dessen Möglichkeiten aneignen können.

FlächenLesen ist kein Lesesystem im traditionellen Sinn, es ist kein Satz von Regeln, die man einfach auf das Lesen anwendet. Es besteht vielmehr aus Elementen, die aufeinander bezogen sind und sich wechselseitig beeinflussen. Unsere Ideenwelt funktioniert auch nicht nur als geschlossenes Ganzes. Nähmen Sie zum Beispiel aus einem Mobile ein Stück heraus, dann hinge das ganze Kunstwerk schief. Wäre FlächenLesen wie ein Mobile, hätten Sie keine Wahl: Um des Gleichgewichts willen müssten Sie alle Teile des Systems übernehmen. Beim Flächen-Lesen spielt es hingegen keine Rolle, ob Sie ein bestimmtes einzelnes Element nutzen oder nicht. Für alles gibt es gleichwertige Alternativen, die sich miteinander verknüpfen lassen. Es entsteht in jedem Fall ein Netzwerk, das sich selbst steuert und auf Ihre persönliche Leseweise und Arbeitshaltung positiv einwirkt.

In unserer Zeit ist viel vom menschlichen Gehirn die Rede. Die hier vorgestellten Methoden sind allesamt „gehirngerecht". Sie orientieren sich an dem, was wir bis heute vom menschlichen Gehirn wissen: wie es arbeitet, welche Stilmittel es liebt und benutzt, wie Sie es pflegen können, damit es für Sie seinen Dienst tun kann. Die „Techniken", die wir Ihnen anbieten, haben keinen Selbstzweck, sondern dienen einzig dazu, das bei Ihnen schon vorhandene Potenzial anzuzapfen und nutzbar zu machen. *FlächenLesen zeigt Ihnen, wie Sie sich Ihre eigenen schlummernden Fähigkeiten in Bezug auf Lesen erschließen können.* Sie werden daher auch nicht „trainieren", sondern schon vorhandene Ressourcen effektiv nutzen und ausschöpfen lernen.

Jeder Lernprozess ist anders, weil höchst individuell organisiert. Vielleicht gehören Sie zu jenen Menschen, die sich neue Lernprozesse selbst beibringen, indem Sie ein Buch einfach durcharbeiten. Und Sie stellen dann alsbald fest, dass Sie schneller und mit mehr Spaß lesen. Es könnte genauso sein, dass Sie lieber unter Anleitung, in einem Seminar Ihren ganz persönlichen Lesestil entwickeln wollten. Wie dem auch sei, wir sehen Ihnen gegenüber unsere Aufgabe darin, Sie auf Ihrem Weg zum FlächenLesen – vorübergehend als „Coaches" wirkend – zu begleiten. Wir werden Sie an jenen Stellen unterstützen, an denen Sie möglicherweise einen Moment lang „hängen bleiben". Ein Buch lebt von einer guten und präzisen Darstellung; es bietet aber wenig Hinweise dazu, wie Sie ganz *persönlich* am besten lernen und arbeiten. Ein Seminar dagegen erlaubt Ihnen ein persönliches Lernen; es lebt gerade von Ihren Rückmeldungen. Entscheiden Sie selbst, auf welche Weise Sie sich das System FlächenLesen in Zukunft am besten aneignen werden.

Wir haben versucht, den Text so leicht lesbar zu halten, wie es uns möglich schien. Ergänzende Informationen, die Sie nicht unbedingt für das Verständnis von FlächenLesen benötigen, haben wir in die „Seitengedanken" verwiesen. Nachweise dafür, woher wir bestimmte Ideen haben, finden Sie in den Anmerkungen. Hier ist auch auf zum Teil wissenschaftliche Literatur hingewiesen.

Im Sinne von Zusammenfassungen haben wir in den Text die Overheadfolien eingestreut, die wir in unseren Seminaren benutzen. Hier finden Sie noch einmal prägnant und knapp, worauf es am Ende ankommt.

Danksagung

Was die Entstehung dieses Buches angeht, so sind wir vielen Menschen zu Dank verpflichtet, die uns mit ihren Ideen und Anregungen, ihrer Zustimmung und ihren Vorschlägen unterstützt haben.

Ein Teil der Ideen findet sich im Übrigen in der „Annotierten Bibliografie" am Ende des Buches. Namentlich erwähnen möchten wir unseren Trainerkollegen Klaus Marwitz (Bonn), der uns die Welt des Schnell-Lesens erschlossen und uns durch sein „Alphalesen" wichtige Anstöße und Impulse vermittelt hat.

Ferner danken wir den Teilnehmerinnen und Teilnehmern unserer FlächenLesen-Seminare, deren konstruktives Feedback uns immer wieder hilfreich geworden ist und in diese Arbeit Eingang gefunden hat.

Ein Buch könnte nicht erfolgreich sein, wäre es nicht bis ins Detail konsequent und präzise ausgearbeitet. Deshalb danken wir herzlich dem Freund und Deutschlehrer Torsten Czychon-Kern für die aufwendige Arbeit des Korrekturlesens, der er sich unterzogen hat und die sich durch Schnell-Lesetechniken – leider – nur wenig beschleunigen lässt.

Anerkennung gebührt dem Verlag VAK, besonders Monika Radecki, die uns im Verlag die Türen geöffnet hat, und Norbert Gehlen, der unser Projekt im Einzelnen betreute: Beide haben unser Unterfangen mit Begeisterung und nach Kräften unterstützt.

Last but not least danken wir allen denen, die sich auch in Zukunft von den Möglichkeiten des FlächenLesens inspirieren lassen werden.

Mainz und Heidelberg, im Januar 2000

Günther Emlein, Wolfgang A. Kasper

Flächen und Zeilen:
Alte und neue Lesestile

Die Grundlagen des FlächenLesens

Fragte Sie jemand: „Sagen Sie, wie lesen Sie denn?", so wunderten Sie sich vermutlich ein wenig. Auf den ersten Blick macht diese Frage ja keinen Sinn. „Merkwürdiger Gedanke: Natürlich Wort für Wort", wäre wohl Ihre Antwort. So haben Sie schließlich in der Grundschule das Lesen gelernt. Sie setzen Buchstaben zu Wörtern zusammen und Wörter zu Sätzen und Sätze zu Abschnitten. Anfangs haben Sie noch mit dem Finger gelesen und laut dazu gesprochen. Aber in kurzer Zeit konnten Sie schneller lesen als sprechen – und seither lesen Sie „leise". Dem *Prinzip* Ihres Lesens allerdings sind Sie treu geblieben: Wort für Wort und Satz für Satz. Und Sie wollen von Wort und Satz die Bedeutung erfassen, Sie wollen „verstehen", denn Sie haben gelernt: Was in einem Text steht, weiß man erst, wenn man ihn Wort für Wort verstanden hat.

Dieses Buch beschreibt Alternativen. Die Leseart, die Sie gelernt haben, hat ihre Berechtigung – aber wir werden Ihnen weitere Lesetechniken vorstellen. Mit diesen neuen Möglichkeiten werden Sie Ihre Lesegeschwindigkeit um ein Vielfaches steigern können (und dabei weniger Energie verbrauchen). Denn, um es mit einem Bild vom Autofahren zu beschreiben: Mit der traditionellen Leseart bremsen Sie sich selbst. Sie möchten den Text ja „bewusst" wahrnehmen; Ihr Bewusstsein aber braucht viel Zeit, um Wort für Wort und Satz für Satz zu verstehen, während Ihre Augen – weil sie nur auf Licht angewiesen sind –

16

„mit Lichtgeschwindigkeit" lesen könnten (jedenfalls fast, denn Sie können Ihre Augen nicht entsprechend schnell bewegen und so schnell blättern).

Mit FlächenLesen lernen Sie ganze Flächen, Zeitungsspalten und Buchseiten lesen – in demselben Tempo, mit dem Ihre Hand beispielsweise über eine Seite wischt. Das ist natürlich eine andere Art, mit Texten umzugehen, als bisher. Sie werden weder einzelne Wörter noch einzelne Sätze erkennen. Aber weil Ihre Augen (fast) mit Lichtgeschwindigkeit aufnehmen und Ihre Nervenbahnen die elektrischen Ströme ebenfalls (fast) mit Lichtgeschwindigkeit weitergeben, kommt der Inhalt des Textes dennoch in Ihrem Gehirn an. Nur geschieht dieser Vorgang so schnell, dass Sie es bewusst und mit Verstehen gar nicht (mehr) beobachten können.

Das traditionelle Lesen ist damit nicht außer Kraft gesetzt. Wörter, Sätze und Abschnitte werden Sie in vielen Fällen in Ruhe und einzeln lesen – wenn es auf jedes Wort ankommt. Eine Gebrauchsanweisung hat solche Passagen, und das berühmte „Kleingedruckte" sollten Sie ja wirklich genauestens lesen, damit Sie beim Abschließen eines Vertrags nicht übers Ohr gehauen werden. Auch Ihre Autoreparaturrechnung sollten Sie Zeile für Zeile lesen, um sicherzugehen, dass sie korrekt ist und Sie nicht zu viel bezahlen. Und so gibt es noch andere Situationen und Texte, für die das traditionelle Lesen gerade das Richtige ist.

Aber kommt es bei *allen* Texten auf *jedes* Wort an?

Vielleicht stimmen Sie uns zu: Oft kommt es nur auf die Botschaft an, den Kern der Aussage, auch auf die Gedankenstruktur. Sie brauchen gar nicht alles, sondern nur eine oder einige wenige Aussagen aus einem Text. Oft reicht ein Überblick über die Argumentationsweise, und nur bei wenigen Aspekten benötigen Sie Einzelheiten. Vielleicht haben Sie nur *eine* Frage, zu der Sie in einem Schriftstück die Antwort suchen – aber dafür müssen Sie nicht das ganze Buch von Anfang bis Ende und Wort für Wort und Zeile für Zeile lesen. (Merken Sie, wie mühsam dieser letzte Satz ist, wenn Sie ihn Wort für Wort lesen?)

Es gibt also viele Situationen, in denen unser traditionelles Lesen langsamer und auch anstrengender als nötig ist. Unser System FlächenLesen bietet Ihnen hier neue Zugänge zur Informationsverarbeitung. Bis hin zum „SeitenLesen" (Flächen!) lernen Sie verschiedene, jeweils für unterschiedliche Texte geeignete Lesemethoden. Und diese Methoden können Sie je nach persönlicher Vorliebe benutzen; es gibt nicht *die* einzig richtige und einzig zugelassene Leseweise.

Wir zeigen Ihnen, wie Sie Ihr Lesen optimieren – und sich gleichzeitig dabei entspannen.

Mit der Nase, den Ohren und den Händen lesen

Das traditionelle Lesen benutzt zwei Kanäle: Ihre Augen und Ihr Bewusstsein. Schon mit dem so genannten DreiPunkteLesen, das wir Ihnen unten zeigen, machen Sie Augen und Bewusstsein schneller, ohne dass Sie an den beiden Kanälen etwas ändern müssten. Wir zeigen Ihnen darüber hinaus, wie Sie Ihr bremsendes Bewusstsein durch andere Aufnahmekanäle *ergänzen*: Hören, Riechen, Fühlen. Ja, Bücher kann man hören, riechen und fühlen. Sie können „mit der Nase, den Ohren und den Händen lesen". Vielleicht ist Ihnen aus der Pädagogik bekannt, dass Kinder am besten lernen, wenn sie nicht nur über die Augen, sondern auch über die Ohren und den Tastsinn etwas aufnehmen. Auch das Gehirn arbeitet so: Es verknüpft Sinneseindrücke mit Informationen und stellt auf diese Weise Erinnerungen von einer ganzheitlichen Qualität her. Wenn Sie an einen vergangenen Urlaub am Meer denken, fallen Ihnen vermutlich sofort das Rauschen des Meeres, die Sonne auf der Haut, der salzige Geruch des Meerwassers ein, und wie der Sand durch Ihre Finger rieselt.

Wir zeigen Ihnen Möglichkeiten, wie Sie neben dem visuellen Sinneskanal das Hören, Tasten und Riechen nutzen können. Man vergisst diese Seite des Lernens gerne, weil 75 Prozent der Menschen vorwiegend „Augentierchen" sind und weil fast alles in unserer Welt auf dem Sehen aufgebaut ist. Flächen-Lesen ist somit gerade interessant und hilfreich für Menschen, die Schwierigkeiten beim Lesen und Lernen haben. Diese Menschen gehören vielfach (nicht immer) zu jenen 25 Prozent der Bevölkerung, die überwiegend nichtvisuell organisiert sind, aber nicht auf ihre individuelle Art lernen durften.[1]

FlächenLesen nutzt genau diese „Mehrkanaligkeit" des Gehirns, um das Lesen zu beschleunigen und zu erleichtern. Sie werden lernen, ganze Buchseiten so aufzunehmen, wie Sie ein Gemälde oder eine schöne Landschaft ansehen: alles gleichzeitig. Auch wenn Sie sich einzelne Dinge ansehen: Sie sehen immer den *ganzen* Sonnenuntergang. Außerdem sehen Sie den Sonnenuntergang „auf einen Blick" und das geht schnell. Wenden Sie sich aber Einzelheiten zu, benötigen Sie viel Zeit. FlächenLesen ist eine Sache der besseren Ausnutzung der Fähigkeit Ihres Gehirns, vieles gleichzeitig aufzunehmen. Und das geht besonders gut, wenn Sie die Gesamtsicht von der Sicht auf Einzelheiten unterscheiden und sich überlegen, wie viele Einzelheiten Sie tatsächlich für ein Gesamtbild brauchen.

Lesen, ohne Buchstaben zu sehen

Sie haben sicher bemerkt: Mit dem „SeitenLesen" ist eine Art Sprung verbunden. Sie sehen – wie beim Sonnenuntergang – die ganze Seite auf einmal. Sie lesen keine einzelnen Buchstaben und Wörter mehr. Den „Sprung" werden wir Ihnen erleichtern, indem wir neben das SeitenLesen noch andere Formen des Schnell-Lesens stellen – und Sie wählen die Ihnen gemäße Art. Nicht für alle Fälle ist der Sprung sinnvoll. Mit dem SeitenLesen wird noch einmal ein neuer Schritt getan: Sie lesen an dem Wörter verstehenden Bewusstsein „vorbei". Sie nutzen eben andere Kanäle, andere Zugänge zu Ihrem Gehirn – und das vollzieht sich um ein Vielfaches schneller als selbst das DreiPunkteLesen. Nun: Daran wird sich Ihr Gehirn erst gewöhnen müssen, es ist eben „anders". Aber Sie werden es lernen und praktizieren.

Vielleicht haben Sie jetzt die Frage: Wenn ich an meinem Bewusstsein vorbeilese, weiß ich denn überhaupt, was ich gelesen habe? Wir werden Ihnen genau dafür Strukturierungs- und Wiederabrufmethoden vorstellen. Diese sind Ihnen dabei behilflich, das Wesentliche eines Textes zu erfassen. Die Informationen stecken in der Regel nur in circa 20 Prozent des Textes[2]: Auch wenn Sie einen Text nicht Wort für Wort gelesen haben, werden Sie die Gedankenstruktur erfassen und reproduzieren können.

In allen Fällen werden Sie bemerken, wie einfach FlächenLesen funktioniert.

Lesen und sich entspannen – „Lesen in Trance"

Die Methoden des FlächenLesens erfordern, dass Sie sich in einen entspannten und aufnahmebereiten Zustand bringen. Wenn Sie lesen, ohne Buchstaben zu sehen, brauchen Sie eine besondere Form des Sehens, den „weichen Blick". Der weiche Blick ist so ähnlich wie „ins Leere" blicken. Wir sprechen vom „defokussierten Sehen". Lesen wird anstrengend, wenn Sie Wort für Wort und mit vollem Bewusstsein lesen – Lesen wird leicht, wenn Sie sich gleichzeitig dadurch, dass Sie „ins Leere blicken", erholen.

Psychologen beschreiben diese entspannte, defokussierte Haltung als „Trance"[3]. Dies ist natürlich keine „Schlaftrance", in die Sie mit geschlossenen Augen hineingleiten, sondern eine Art Wachtrance: Sie sollen ja etwas mitbekommen. Eine Wachtrance oder auch Alltagstrance ist daran erkennbar, dass Menschen wie abwesend wirken und ganz in das vertieft sind, was sie tun. Kinder können eine Wachtrance noch ausgesprochen gut herstellen und ausleben; Künstler, Jongleure, Marathonläufer oder Bergsteiger kennen diesen Zustand, der auch als „Flow"[4] beschrieben worden ist. „Flow" könnte man übersetzen: mit der Sache eins werden und mit ihr dahinfließen. Beim FlächenLesen hilft Ihnen diese Wachtrance, entspannt und aufnahmefähig zu lesen, ohne dass Sie Buchstaben erkennen müssten.

Die entspannte Haltung hat Auswirkung auf Ihre „Gehirnchemie". Entspannung bewirkt, dass die Synapsen, also die Umschaltpunkte oder Übertragungsstellen zwischen den einzelnen Nervenzellen im Gehirn, besser funktionieren; Sie können Informationen dann leichter und in größerem Umfang aufnehmen. Entspannung ist also die Voraussetzung für das

Schnell-Lesen. Wer dagegen sich ständig fragt, ob er alles verstanden hat und sich auch wirklich alles merken kann, schürt die eigene Angst (weil man sowieso irgendetwas in jedem Falle übersieht). Und die Angst macht angespannt, führt damit zum Ausschütten von Adrenalin, das die Funktionsfähigkeit der Synapsen heruntersetzt – und Sie nehmen kaum noch etwas auf.

Wir stellen weiter unten einige Möglichkeiten vor, wie Sie sich entspannen können und noch auf andere Weisen Ihrem Gehirn etwas Gutes tun, damit es auch gut für Sie arbeitet.

Lesehaltung und Lesetechnik

Betrachtet man einmal die Literatur zum Thema Schnell-Lesetechniken, so stellt sich bei allen Autoren als Hauptfrage heraus: Was ist wichtiger, die *Lesehaltung* oder die jeweilige *Lesetechnik*? Die Antworten fallen je nach Vorliebe oder Weltanschauung der Autoren sehr unterschiedlich aus. Die einen setzen ganz auf Technik und Training, die anderen versprechen sich alles vom entspannten und aufnahmebereiten inneren Zustand.

Beide Antwortversuche haben uns nicht befriedigt, weil sie mit jeweils einer Antwort *alles* erklären wollen. „Alleserklärungen" lassen nichts mehr offen – und wenn es nicht klappt, kann der Fehler nur noch bei einem selbst liegen: Man glaubt, die Techniken nicht „richtig" gelernt und nicht ausreichend geübt zu haben. Oder man glaubt, die neue Haltung eben nicht „richtig" eingeübt und praktiziert zu haben, eine dafür ungeeignete Persönlichkeit zu haben, durch frühe Kindheitsschäden gehandikapt zu sein oder Ähnliches.

Uns scheint jedoch diese Frage nach „Lesetechnik oder Lesehaltung" keine Frage von Alternativen zu sein. Wir werben für ein Sowohl-als-auch. Sie haben sicher schon einmal die Erfahrung gemacht, dass Sie etwas ganz dringend und rasch zu lesen hatten. Je nach der mentalen Verfassung oder Haltung sind Sie mit dieser Situation auf recht unterschiedliche Weise umgegangen. Erleben Sie die Angelegenheit als *Stress*, dann haben Sie mit einiger Wahrscheinlichkeit die Chance, an dieser Aufgabe zu scheitern. Gelingt es Ihnen hingegen, die Situation als *Herausforderung* zu erleben, dann werden Sie innerhalb sehr kurzer Zeit ein günstiges Leseergebnis erzielen. Ihre Haltung entscheidet mit über Ihren Erfolg.

Gleichwohl treten bestimmte Lesetechniken als notwendige und nützliche Hilfsmittel zur eigenen Lesehaltung hinzu. Und die Lesetechniken sind so gestaltet, dass sie die Lesehaltung nicht beeinträchtigen. Wir werden Ihnen also keine perfektionistischen Ideen über Techniken nahelegen, sondern Sie einladen, aus allen unseren Instrumenten das herauszusuchen, was sich für Sie persönlich als passend herausstellt.

Wenn es uns gelingt, die vorbereitenden Schritte zum Lesen und den eigentlichen Leseprozess so zu verknüpfen, dass beide Schritte einander ergänzen und unterstützen, dann entstehen leicht und ohne weitere Anstrengung (positive) synergetische Effekte.

In unseren Seminaren erleben wir mitunter, dass Teilnehmer von der Idee eingenommen sind, dass sie jetzt endlich die *richtigen* Techniken üben werden. Sie erwarten entsprechend anstrengende Seminartage. Umso überraschter sind die Teilnehmer dann, wenn das von ihnen besuchte Seminar mit Entspannung und Spaß einhergeht.

Im weiteren Fortgang unseres Buches versuchen wir daher, kontinuierlich die Spannung zwischen Lesehaltung und Lesetechnik als ein permanentes Sowohl-als-auch durchzuhalten, damit beiden Seiten beim Lesen Rechnung getragen wird. Denn wir können beiden Fragestellungen viel abgewinnen. Wir werden Ihnen zu beiden Fragestellungen ausführliche Informationen geben.

Seitengedanken: Wie „Haltungen" unser Leben bestimmen

Sicher haben Sie schon die Erfahrung gemacht: Wenn Sie überzeugt davon sind, etwas zu können, werden Sie es auch leichter zuwege bringen. „Das schaffe ich", sagen Kinder oft, wenn sie etwas Neues ausprobieren. Und weil sie es selbst glauben, können sie es. Der Glaube versetzt bekanntlich Berge!

Spitzensportler bereiten sich ebenfalls mental auf ihre Wettkämpfe vor. Skispringer sind in Gedanken schon hundertmal geflogen, bevor sie die Sprungski anlegen. Bobfahrer tasten in Gedanken den Kurs ab, jede Kurve, jede Besonderheit, um dann in der Realität die Ideallinie zu finden. Die Hochspringerin ist mental ebenso viele Male über die Latte geflogen, bevor sie Anlauf nimmt.

Für alles, was wir tun, bereiten wir uns in Gedanken, gewissermaßen durch ein mentales Probehandeln, vor. Wir versuchen, eine förderliche Haltung zu erreichen. Ohne diese förderliche Haltung, so wissen es die Spitzensportler, sind solche Leistungen nicht möglich. Haltungen beschweren oder beflügeln uns.

Man weiß aus der Forschung, dass Menschen, wenn sie gezielt ihre Haltungen nutzen, ohne fremde Hilfe mit dem Rauchen, mit Alkohol- und Drogenkonsum aufhören können. Wer andererseits für eine Prüfung lernt mit dem Gefühl: „Das schaffe ich doch nicht", wird tatsächlich eher scheitern.

Dahinter steckt keine Magie, keine Magie der Worte. Menschen bleiben manchmal lieber ihren Haltungen treu, als erfolgreich zu sein. Wären sie erfolgreich, widerlegten sie sich selbst, womöglich in einer Sichtweise, die sie über Jahre oder Jahrzehnte gehegt haben und zu der sie keine Alternative sahen. Und wenn sie die Erfahrung machten, dass sie mehr erreichen könnten, dann käme auch der Schmerz über entgangene Gelegenheiten. So nehmen Menschen viele Dinge in Kauf, nur um die eigenen Haltungen nicht ändern zu müssen.

„Nicht die Dinge beunruhigen uns, sondern die Meinung, die wir von den Dingen haben", schrieb im 2. Jahrhundert n. Chr. der griechische Philosoph Epiktet. Haltungen sind mentale und emotionale Raster, mit denen wir uns selbst und unsere Umgebung einordnen und verstehen. Seit Immanuel Kant sagen die Erkenntnistheoretiker, dass wir nie die Dinge selbst erkennen, sondern nur unsere Wahrnehmungen und Einschätzungen der Dinge. Genauer: Was wir wahrnehmen, sind unsere Haltungen zu den Dingen.

Dieser Abschnitt des Buches hätte auch den Titel haben können: Wie Haltungen unser Lesen bestimmen. Auch unsere Art zu lesen, ist davon beeinflusst, wie wir über uns selbst denken und was wir uns zutrauen. Mit einer gehörigen Portion Skepsis und Zweifel daran, ob „es" klappt, ist FlächenLesen nur schwer zu erlernen. FlächenLesen ist keine Sache einer Technik, sondern neben Methoden spielt Ihre eigene Haltung eine Rolle: Trauen Sie sich und Ihrem Gehirn zu, dass es „mit Lichtgeschwindigkeit"

Texte aufnimmt, das neue Wissen mit Ihrem bisherigen Wissen verknüpft und es Ihnen zur Verfügung stellt, sobald Sie es brauchen (und dies alles ohne Anstrengung)! Sie müssen es nur für möglich halten … und das geht leichter, wenn Sie gute Erfahrungen gemacht haben. Unsere „Techniken" leiten Sie so an, dass Sie es leichter für möglich halten können.

Wie die Dinge zusammenhängen, ist aus der Gehirnphysiologie bekannt. Unsere Haltungen stoßen Gefühle an, und diese Gefühle beeinflussen unmittelbar die Funktionsfähigkeit des Gehirns. Dies ist phylogenetisch, also mit der Entwicklung der Menschheit im Laufe von Jahrmillionen, entstanden.

Lebewesen haben seit der Entwicklung der Reptilien fünf Grundgefühle, die in jenem Teil des Gehirns produziert werden, das wir von den Reptilien „geerbt" haben: [5]

* ❖ *Interesse* → *Hinwenden*

* ❖ *Angst* → *Wegwenden*

* ❖ *Wut* → *Kämpfen*

* ❖ *Trauer* → *Loslassen*

* ❖ *Freude, Liebe, Lust* → *Verbinden*

Diese Affekte wirken als Motoren oder als Bremser des Denkens. Bei Wut → Kampf wird im Gehirn Adrenalin ausgestoßen: Es ist nicht Zeit zu denken, sondern Zeit zu kämpfen. Adrenalin vermindert die Leistung des Gehirns. Kommt Angst dazu, besteht noch die Möglichkeit zur Flucht. Auch dabei gibt es nichts zu denken, sondern nur noch zu laufen. Menschen und

Ideen zu verbinden, das setzt Freude, Liebe und Lust voraus. In diesem Falle werden im Gehirn andere Substanzen ausgeschüttet, die die Verbindungen zwischen den Neuronen – die Synapsen – „schmieren": Serotonin, Endorphin und Dopamin.[6] Sie kommen durch Spaß und Entspannung, die Gegenstücke zu Angst und Kampf, zustande. Wer also zum Beispiel Schülern Angst macht, verhindert, dass sie etwas lernen.

Für das FlächenLesen spielt Ihre Haltung also eine gewisse Rolle. Ihre Lesekompetenz hängt mehr von Ihrer Haltung ab als von dem Trainieren von Techniken. Ändern Sie mit dem Erlernen von FlächenLesen Ihre Haltungen, so hat dies natürlich auch Auswirkungen auf andere Aspekte Ihres Lebens. Schon öfter haben wir die Rückmeldung bekommen, dass ein Teilnehmer seinen ganzen Arbeitsstil und seine Arbeitshaltung insgesamt hat verbessern können (auch dies macht Ihr Gehirn für Sie „von selbst"). Wir zeigen Ihnen außerdem Möglichkeiten, für das Lesen hilfreiche Überträgerstoffe (Neurotransmitter) in Ihrem Gehirn auszulösen.

Der „weiche Blick"

Vielleicht kennen Sie die folgende Situation: Sie sitzen grübelnd und etwas angestrengt an Ihrem Schreibtisch und suchen gerade nach einer passenden Lösung für ein Problem. Sie haben bis zu eben diesem Moment schon eine Menge Ideen in Ihrer Fantasie entwickelt und wieder als unbrauchbar verworfen. Möglicherweise sind Sie zwischenzeitlich so unter Erwartungsdruck geraten, dass Sie am liebsten jetzt sofort einen guten Einfall herbeizauberten.

Ohne dass Sie es richtig bemerken, schweift Ihr Blick unwillkürlich über die Begrenzung Ihrer Arbeitsfläche hinaus, vorbei an Arbeitsutensilien, Computer und Ablagen. Ihr Blick geht scheinbar ins „Leere", völlig absichtslos und unwillkürlich. In Gedanken kommt Ihnen eine Szene vor Augen, in der Sie etwas für Sie Schönes sehen oder erleben. Sie blicken weiter wie in die Leere und spüren, wie sich Ihre Augen zunehmend entspannen.

Ihre Augen, Ihre Gedanken und Imaginationen nehmen sich eine kleine „Auszeit"– ohne dass Sie selbst das Gefühl haben, nicht mehr ganz bei der Sache zu sein.[7] Und auch dies kennen Sie wahrscheinlich: Ihre Augen wandern irgendwann wieder zurück auf das Blatt Papier oder auf den Bildschirm, kurzum zurück zu Ihrem Thema, das Sie noch vor wenigen Augenblicken intensiv bearbeitet und durchdacht haben. Vielleicht ist Ihnen nunmehr, nach diesem kleinen gedanklichen Ausflug, eine gute Idee gekommen, mit der Sie jetzt gezielt weiterarbeiten können. In Trance – „wie im Schlaf", deshalb wirken Sie dabei „abwesend" – haben Sie ganz leicht eine Lösung entwickelt.

Den Tranceblick, den „weichen Blick", benötigen Sie auch für das FlächenLesen. Bezogen auf die tägliche Lesearbeit gibt es vergleichbare Muster. Wenn Sie zum Beispiel angestrengt Buchstabe für Buchstabe und Wort für Wort lesen, dann passiert es in der Regel nach einer gewissen Zeit, dass Sie immer langsamer werden, bei gleichzeitig abnehmender Aufnahmefähigkeit. Sie helfen sich dann, indem Sie kurze Zeit mit dem Blick aus dem Fenster schweifen ...

Sie schauen zur Entspannung ins Leere.

Der „weiche Blick" dient also auch der Erholung. In der Neurophysiologie und Gehirnforschung ist dieses Phänomen bekannt. Der vielzitierte „Alphazustand" (hierauf bezieht Klaus Marwitz sein Schnell-Leseverfahren „Alphalesen") des Großhirns stellt eine optimale Balance aus Entspannung und höchster Aufnahmebereitschaft dar. Man könnte diesen Zustand als „entspannte Wachheit" bezeichnen, in der eine günstige Koordination von willkürlichen und unwillkürlichen Bewusstseinsprozessen hergestellt ist. Ihm entspricht der „weiche Blick"; dieser ist die sichtbare Seite Ihrer Entspanntheit.

Sie vermuten richtig, dass es sich in einer Verfassung der „entspannten Wachheit" leichter, konzentrierter und schneller lesen lässt. FlächenLesen nutzt den „weichen Blick" und die damit verbundenen entspannenden Möglichkeiten.

Dreidimensionales Sehen ist eine natürliche und gleichermaßen angelernte Fähigkeit unseres Wahrnehmungsapparates. Das Prinzip des stereoskopischen Sehens ist eigentlich recht einfach. Wir sehen und erfahren die Welt mit zwei Augen, wobei jedes Auge die Welt aus einem eigenen Blickwinkel betrachtet. Erst das binokulare Sehen (mit zwei Augen) erlaubt es uns, die Außenwelt als dreidimensionales Bild zu erkennen. Dabei ist der Hinweis wichtig, dass unsere Augen gewissermaßen die „Kameras" nach draußen sind, deren Aufnahmen erst im Gehirn zu einem einzigen, dreidimensionalen Bild verschmelzen und dargestellt werden. Wir haben also die natürlichen Voraussetzungen; aber das Gehirn (des Kleinkinds) muss erst lernen, die beiden separaten Perspektiven zu vereinigen. Die Tiefenwahrnehmung unseres Sehens beruht also auf der Tatsache, dass bestimmte Areale der Großhirnrinde alle visuellen Informationen zusammenfassen, die unsere beiden Augen aus unterschiedlichen Perspektiven dem Gehirn zur Verfügung stellen.

Mit dem „weichen Blick" sehen Sie ebenfalls dreidimensional, aber vielleicht unscharf. Es ist, als sähen Sie durch die Dinge hindurch, ins Unendliche. Und doch bekommen Sie genau mit, was sich vor Ihnen abspielt.

3-D-Bilder

Es gibt noch eine andere Möglichkeit, den „weichen Blick" zu erlernen. In den neunziger Jahren erschien auf dem Buchmarkt eine Reihe von Bildbänden, die mit Hilfe computergestützter Abbildungen dreidimensionale Effekte anboten. Bei diesen „Stereogrammen" ist wiederum für jedes Auge ein Bild vorgesehen. Dadurch entsteht beim Betrachten der virtuelle Eindruck, ein Bild mit 3-D-Effekt zu sehen. Wer von Ihnen schon einmal 3-D-Bilder betrachtet und vielleicht erkannt hat, weiß um die paradoxe Zumutung, mit der sich diese Tiefenwirklichkeit eines Bildes erst einstellt.

Jedes noch so hoch konzentrierte und angestrengte Betrachten erreicht nur selten den gewünschten 3-D-Effekt. Erst wenn es dem Betrachtenden gelingt, die Augenmuskeln zu entspannen und den Blick frei umherwandern, das heißt zunehmend „verschwimmen" zu lassen, dann erscheinen vor den Augen dreidimensionale Bilder. Das Verblüffende beim Entschlüsseln von Stereogrammen ist auch hier wieder die scheinbar paradoxe Vorgehensweise: Erst wenn die Augen entspannt und beinahe absichtslos die zweidimensionale Bildoberfläche abwandern, stellt sich irgendwann der unwillkürliche 3-D-Effekt ein. Die Bilder sind so aufgebaut, dass der Betrachter nicht die Punkte und Kleckse fokussiert und scharf sieht, sondern sozusagen durch diese hindurch ins Unendliche blickt. Dieser 3-D-Effekt entsteht in jenem Moment, in welchem die Augen-

30

achsen vollkommen parallel und entspannt ins Unendliche ge-
richtet sind.

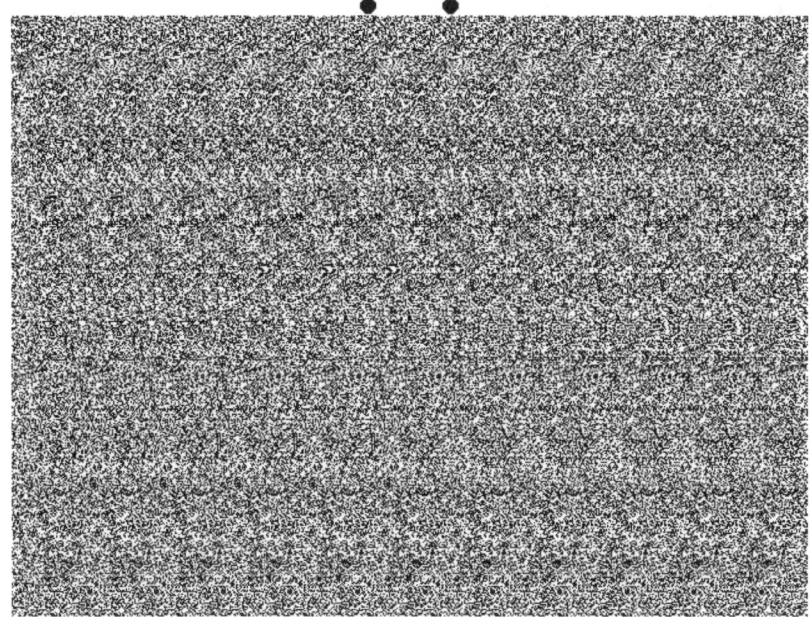

3-D-Bild (Auflösung auf S. 145)

Der weiche Blick hat noch einen weiteren Vorteil: Wenn Sie defokussiert sehen, sehen Sie mehr. Ihr Sehwinkel vergrößert sich. Dies können Sie an sich selbst ausprobieren: Strecken Sie Ihre beiden Arme nach vorne und halten Sie Ihre beiden Daumen aufrecht. Nun bewegen Sie beide Arme langsam auseinander. Sie werden nicht weit kommen, solange Sie versuchen, Ihre Daumen *scharf* zu sehen. Recht schnell werden Sie mindestens einen Ihrer Daumen nicht mehr sehen – und sehr anstrengend ist diese Übung auch. Sobald Sie dagegen zwischen den Daumen hindurch ins Leere schauen, werden Sie beide Daumen weit länger sehen können – allerdings verschwommen. Und Sie werden unmittelbar merken, dass Sie sich entspannen und sich zunehmend dabei wohlfühlen.

FlächenLesen nutzt diesen verschwimmenden Blick bzw. das defokussierte Sehen. Was unser traditionelles Lesen so anstrengend macht ist, dass wir Wort für Wort die Zeilen entlang wandern: Wir können eben nicht mehr als zwei bis drei Wörter bewusst auf einmal lesen. Mit dem „weichen Blick" können Sie am Ende ganze Seiten lesen, als würden Sie diese „abfotografieren". Je verschwommener Sie lesen, desto mehr nehmen Sie auf. Wir nennen dieses Verfahren „scannen".

Unserer Beobachtung nach verhilft diese Sehtechnik den Seminarteilnehmern zu folgenden Ergebnissen:

- Die in der Literatur häufig zu findenden Übungen zur Erweiterung der Blickspanne beim Lesen lassen sich so völlig absichtslos, spielerisch und damit stressfrei erlernen.

- Ein leicht defokussierter Blick verhindert ferner, dass Sie allzu starr auf gedruckte Informationen blicken; das Lesen geschieht eher beiläufig.

- Das Betrachten von Stereogrammen geht fast immer mit einem entspannten Zustand und damit einer förderlichen Lesehaltung einher.[8]

Wer ein Stereogramm „entschlüsselt" und seine Augen absichtslos wandern lässt, gönnt sich im Grunde genommen jedes Mal eine „Minitrance", die ihm einen Zustand von Entspannung und Wachheit zugleich ermöglicht. Wie Sie den weichen Blick beiläufig und ohne weiteren Trainingsstress einüben können, werden Sie im folgenden Kapitel erfahren.

Eine erste Anwendung: Die „Wischbewegung"

Wir laden Sie ein, eine der Techniken des FlächenLesens auszuprobieren: die Wischbewegung. Und wenn Sie diese Technik ausüben, gehen Sie einfach Ihren Wahrnehmungen nach. Wie fühlt es sich an, über die Seiten zu wischen und dabei bewusst keinen einzigen Buchstaben gelesen zu haben?

Die Wischbewegung gehört zu den „Turbotechniken" des FlächenLesens. Wenn Sie sie jetzt ausprobieren, greifen Sie also weit vor. Als isolierte „Trockenschwimmübung" mag das Wischen Ihnen vielleicht ein wenig merkwürdig vorkommen. Wenn Sie am Ende diese Technik als Ihre Sache übernehmen, so beginnen Sie Ihre Arbeit allerdings nicht isoliert mit diesem Verfahren, sondern haben, bis Sie zum Wischen kommen, über das zu lesende Buch auf verschiedenen Wegen schon vieles erfahren. Ein leichtes Befremden jetzt am Anfang ist eine völlig normale Reaktion Ihres Bewusstseins – aber dennoch wird bei dieser Übung Ihr Gehirn schon in Windeseile grundlegende Inhalte des durchgeblätterten Buches aufnehmen. Sie bemerken vielleicht, dass sich dieses Tun irgendwie toll anfühlt: Das sind chemische Reaktionen Ihres Gehirns, die Sie künftig mit dem FlächenLesen mehr nutzen werden als bislang.

Die Übung

Nehmen Sie ein beliebiges Buch zur Hand und öffnen Sie es irgendwo und streichen Sie einfach einmal mit einer Hand über die aufgeschlagene Seite, dann über die nächste. Am besten geht dies auf einer Unterlage, so dass Sie Ihr Buch nicht halten müssen. Streichen Sie über die Seiten von oben nach unten, zügig, aber nicht hektisch, senkrecht oder in einer S-Figur wie beim Slalom. Dann blättern Sie um und tun dasselbe wieder. Mit den Augen blicken Sie dabei auf Ihre Fingernägel, nicht auf die Buchstaben. Über diese Art zu sehen (den „weichen Blick") haben Sie oben schon etwas erfahren.

Nachdem Sie ausprobiert haben, wie die Bewegung und das Blättern funktionieren, dann „lesen" Sie auf diese Weise das ganze Buch. Sofern Sie sicherstellen wollen (es ist ja nur eine Übung), dass Sie wirklich keinen Buchstaben erkennen, halten Sie das Buch verkehrt herum, so dass die Buchstaben auf dem Kopf stehen, und „lesen" es von hinten nach vorne. Für Ihr Gehirn spielt dies keine Rolle; Kinder schreiben oft spiegelverkehrt oder auf dem Kopf und können ihre Schrift dennoch gut lesen. Sie sollen uns nicht einfach *glauben* – probieren Sie aus, wie es für Sie ist. Vermutlich werden Sie etwas empfinden wie: Das ist komisch und anders als alles, was ich je getan habe, und es fühlt sich interessant an …

Vielleicht stellen Sie sich anschließend die Frage: Was habe ich mitbekommen? Sie werden wahrscheinlich sagen: Nichts. Damit haben Sie natürlich recht. Bei diesem Tempo, mit dem Sie über die Seiten gingen, ist Ihr Bewusstsein schlichtweg nicht mitgekommen. Wie gesagt: Es kommen noch Vorbereitungs- und Wiederabruftechniken dazu, mit denen Sie die Brücke zu Ihrem Bewusstsein schlagen werden.

Erste Reaktionen fallen sehr unterschiedlich aus:

Eine Seminarteilnehmerin sagte nach ihrer ersten Wischübung: „Ich habe mich die ganze Zeit gefragt: Was soll das? Das ist doch ein Riesenquatsch. Aber am Ende hat es erstaunlicherweise Spaß gemacht. Irgendwie ist in meinem Kopf etwas passiert." Ein Teilnehmer wiederum äußerte: „Ich kann mich an nichts erinnern, aber ich bin sehr neugierig geworden auf das Buch." Er muss also etwas aufgenommen haben, sonst könnte er nicht neugierig werden. Eine andere Teilnehmerin meinte: „Ich habe schon lange eine Information gesucht, hatte aber keine Idee, wo ich zu ihr etwas finden könnte. Jetzt habe ich die Wischübung gemacht; ich habe keine Ahnung, was in dem Buch steht – aber meine Information habe ich hier gefunden. Was sonst in dem Buch steht, kann ich nicht erinnern."

Der Anfang fällt also bei jedem Menschen anders aus. Es geht natürlich leichter, wenn Sie selbst das gute Gefühl dabei haben, sich auf dieses Abenteuer einlassen zu können. Die oben zitierten Aussagen aus unseren Seminaren sind typisch und weisen auf enorme gehirnphysiologische und lernpsychologische Reaktionen hin: Die Entspannung bzw. Alltagstrance macht dem Gehirn Freude.

Was Sie mit dem FlächenLesen lernen, ist in gewissem Sinne kulturwidrig. Es widerspricht vielem, was wir in der Regel für richtig und unausweichlich halten. Wir sind in einer Kultur aufgewachsen, die skeptisch ist gegenüber scheinbaren „Wundermethoden" und diese für unmöglich erklärt. Nur: Es handelt sich nicht um Wunder, sondern schlicht um das Ausnutzen der

Gesetze, nach denen Ihr Gehirn funktioniert. Also: Sie vergeben sich ja nichts, wenn Sie es auch gegen Ihre bisherigen Überzeugungen – sozusagen im stillen Kämmerlein – doch einmal probieren …

Die Vielfalt der Lesetechniken optimal nutzen

Wie schon angedeutet, hängt es von Ihren Vorlieben und vom Schriftstück ab, welche Methodik des FlächenLesens Sie einsetzen. Hier gibt es kein Richtig oder Falsch. Im Gegenteil: Der sicherste Weg zu scheitern ist, eine einzige Leseweise für die wahre zu halten und sie perfekt können zu wollen. Perfektion hat etwas mit Trainieren zu tun – aber niemand kann sein Gehirn zum Training anhalten. Und außerdem: Es muss überhaupt nicht trainieren. Damit es seinen Dienst tut, muss man es einfach *benutzen*.[9]

Die vorrangige Frage ist, was genau Sie einem Schriftstück entnehmen möchten und wie viel Zeit Sie sich dazu einräumen. Wie viele Details benötigen Sie, wie sehr kommt es wirklich auf Formulierungen und Nuancen an? Oder reicht Ihnen schon das Ideengerüst aus? (Details können Sie nämlich auch später Ihrem Gehirn nachreichen.)

Wenn Sie es lieber „gemütlicher" haben möchten, so lesen Sie auf Ihre Art eben langsamer. Sie werden feststellen: Auch die langsamste Methodik des FlächenLesens spart Ihnen eine Menge Zeit. (Sie brauchen höchstens ein Viertel, eher aber nur bis zu einem Achtel der Zeit, die Sie sonst benötigen.) Nutzen Sie, was Sie aus Ihrer Sicht können und was Ihnen Spaß macht (der Spaß ist aus gehirnphysiologischen Gründen „notwendig").

Wir denken: Je spielerischer Sie mit sich und Ihrem Gehirn und Ihren Schriftstücken umgehen, desto erfolgreicher werden Sie lesen. Schon wenn Sie sich in dieses Buch vertiefen – ob in einem einzigen Lesedurchgang oder in „Portionen" oder gar nur in Ausschnitten –, werden Sie sich an Ihre bereits vorhandenen Lesekompetenzen erinnern, an diese anknüpfen und sie nach Bedarf erweitern und steigern.

Stellen Sie sich also aus unserem Angebot *Ihr* persönliches Schnell-Leseverfahren zusammen. Probieren Sie spielerisch unsere verschiedenen Methoden, testen Sie, was wir behaupten. Aber lassen Sie sich auch überraschen, dass Sie mehr können, als Sie selbst (jetzt noch) glauben! Seminarteilnehmer sagen anfangs gerne, das SeitenLesen würden sie nie zuwege bringen – ein halbes Jahr später gelingt es ihnen dann doch. Manchmal macht unsere eigene Skepsis es uns eben schwer ...

Die 5+1 Schritte des FlächenLesens

Das Lesesystem im Überblick

In diesem Kapitel werden wir Ihnen die einzelnen Schritte des FlächenLesens vorstellen. Hier erfahren Sie alle Einzelheiten zu Methoden und Möglichkeiten. Sie werden sich zunächst in überschaubaren Arbeitsschritten vorwärts bewegen und den komplexen Leseprozess bewusst verlangsamen. Allmählich werden Sie von selbst Ihr Lesetempo beschleunigen und individuell einrichten. Am Ende dieses Kapitels werden Sie in der Lage sein, die Einzeltechniken für sich so zu kombinieren, dass sich Ihre neue Lesekompetenz zu einem persönlichen „Lesebaukasten" zusammenfügt.

Gönnen Sie sich selbst den Gefallen, sich die einzelnen Schritte genau anzusehen und zumindest übungshalber einmal auszuprobieren. Erlauben Sie sich Zeit: Ihr Gehirn muss sich an die neue Leseweisen gewöhnen. Ihr Gehirn wird mit einem Wohlgefühl antworten, sobald es so weit ist und Ihre neuen Lesetechniken akzeptiert hat.

Hier folgt zunächst eine kurzgefasste Übersicht, im nächsten Abschnitt dann die detaillierte Darstellung der 5+1 Schritte:

Schritt 1: Mentale Vorbereitung

Ihr tägliches Leben verlangt von Ihnen Einsatz, Geistesgegenwart und Handlungsfähigkeit. Positiver Stress erlaubt Ihnen, schnell und adäquat zu reagieren. Diese in vielen Lebensbereichen förderliche Haltung ist für das FlächenLesen wenig geeignet. Was Sie brauchen, ist eine gewisse Entspannung, innere Ausgeglichenheit, Aufnahmebereitschaft, Defokussierung Ihrer Gedanken und Ihres Blicks – vielleicht gerade das Gegenteil von vielem, was Ihnen sonst im Leben nutzt.

Wenn Sie von der handlungsorientierten Haltung in die aufnahmebereite Haltung wechseln möchten, geht dies mit verschiedenen Unterstützungsformen am leichtesten. Sobald Sie aufnahmebereit sind, können Sie mit dem Lesen beginnen. Erlauben Sie sich also genügend Zeit und Muße zum Umschalten. Mit denselben Strategien halten Sie diesen aufnahmebereiten mentalen Zustand auch aufrecht. Alle weiteren Schritte des FlächenLesens werden Ihnen erst dienlich sein, wenn Sie entspannt sind, innerlich ausgeglichen und in sich ruhend. Selbst wenn Sie insgesamt nur wenig Zeit haben: Falls Sie an der mentalen Vorbereitung sparen, machen Sie es Ihrem Gehirn schwer, und es könnte darauf mit Arbeitsverweigerung antworten. Deshalb kommt diesem ersten Schritt, der auf den ersten Blick so gar nichts mit Lesen zu tun hat, viel Bedeutung zu.

Diese Sätze mögen sich „pädagogisch" oder gar „moralisch" anhören. Unsere Hinweise beziehen sich auf die Tatsache, dass Sie die Biologie im Allgemeinen und die Biologie Ihres Gehirns im Besonderen nicht überlisten können. Sie können nur *mit* Ihrem Gehirn leben und dessen Eigenschaften nutzen.

Schritt 2: Leseabsichten festlegen

Effizientes Lesen startet mit einer präzisen Fragerichtung und einer klaren Zielvorstellung. Sie werden ja auch sonst nicht einfach „drauflos" lesen, sondern sich mit einer bestimmten Absicht Information beschaffen. Auch geht es Ihnen vielleicht nur selten darum, sich ein komplettes Porträt eines Buches zu erarbeiten. Sie lesen also in fast allen Fällen selektiv. Sie wollen üblicherweise nicht ein vollständiges Bild der Gedanken des Autors kennen lernen, sondern der Autor soll Ihnen Ihre Fragen beantworten, und diese sind andere als die des Autors selbst.

Nach unserer Erfahrung ist die beste Art und Weise, eine Auswahl zu finden, die genaue Leseabsicht. Welche Fragen genau möchten Sie sich vom Text bzw. vom Autor beantworten lassen? Jede zielorientierte Frage hilft Ihnen wie eine Sonde, mit der Sie ein bestimmtes Terrain untersuchen und neue Informationen aufspüren. Was von „allem", was Sie aus einem Schriftstück erheben könnten, ist jetzt gerade wichtig?

Schritt 3: Übersicht gewinnen

Wenn Sie ein Schriftstück zur Hand nehmen, verschaffen Sie sich als Erstes einen Überblick. An dieser Stelle ist es noch nicht nötig, einzelne Details herauszuarbeiten. Ähnlich wie beim Betrachten eines Gemäldes in der Kunst geht es um den ersten Eindruck. Dabei dürfen Sie sich getrost auf Ihre spontanen Assoziationen verlassen: die *Beschaffenheit*, den *Klang*, den *Geruch* und die *Tastempfindung* eines Schriftstückes wahrnehmen, *Klappentexte* lesen, *Vor-* und *Nachwort* sowie das *Inhaltsverzeichnis* ansehen. Ferner werden grafische Hervorhebungen und visuelle Eigenheiten des Textes ins Auge springen. In dieser Phase wird es auch nützlich sein, *Schlüsselwörter* aufzunehmen, denn diese enthalten meist wichtige Hinweise und sinntragende Informationen, denen Sie in einem späteren Schritt gezielt nachgehen können.

Die gewonnene Übersicht vermittelt Ihnen eine vorläufige Orientierung über den Lesestoff; Sie überblicken nun den

„Rohbau" Ihres Textgebäudes, der Ihnen fortan erlaubt, zielsicher auf Erkundungsreise zu gehen.

Für einen solchen Überblick genügen in der Regel einige Minuten. Sobald Sie diesen Prozess abgeschlossen haben, treffen Sie die Entscheidung, ob und wie Sie mit dem Lesen weitermachen wollen.

Schritt 4: FlächenLesen

Nachdem Sie sich noch etwas mehr in einen aufnahmebereiten mentalen Zustand hineinbegeben haben, wenden Sie eine der Techniken des FlächenLesens an.

Je nach Bedarf und Interesse können Sie eine bestimmte Lesetechnik bevorzugen („DreiPunkteLesen", „SprungLesen", „FingerLesen", „WischLesen", „SlalomLesen" oder das „SeitenLesen") und die verschiedenen Techniken in der gewünschten Reihenfolge miteinander kombinieren.

Schritt 5: Eine Gedankenlandkarte erstellen (Mindmapping)

Während Sie in dem Leseschritt zuvor sehr viel Stoff in kürzester Zeit bearbeitet haben, geht es nun darum, grundlegende Informationen dem Text zu entnehmen und in einer für Sie schlüssigen Form zu Papier zu bringen. Es ist daher oft sinnvoll, die anfangs gestellten Fragen an den Autor bzw. Text noch einmal neu oder leicht modifiziert zu stellen und erneut mit FlächenLesen über den Text zu gehen. An den Stellen, an denen Ihre Augen ihr Lesetempo verlangsamen, können Sie innehalten und an ausgesuchten Textpassagen verweilen. Dies ist ein höchst intuitiver Lese- und Sehprozess, der Sie an die für Sie *jetzt* wichtigen Textstellen bringt. Die Erfassung des Textes wird Sie schon nach kurzer Praxis zielsicher zu den gewünschten Ergebnissen führen.

Jetzt haben Sie die zentralen Stichwörter, an denen alle Information „angehängt" ist – und diese Stichwörter fügen Sie zu einer Gedankenlandkarte zusammen: Sie zeichnen als Bild, was Sie zuvor als Buch gelesen haben.

Schritt 5 + 1: DetailLesen

Sie werden merken: Oft haben Sie alles, was Sie wissen wollten, nach den fünf Schritten des FlächenLesens zusammen. Dann können Sie mit einem guten Gefühl des eigenen Könnens Ihre Arbeit gerne abschließen.

Jedoch kann es für Sie sinnvoll sein, an bestimmten Stellen noch einmal genauer nachzulesen. Sie möchten Details wissen oder benötigen ein bestimmtes Argumentationsmuster. Sie möchten sich von der Sprachkraft eines Autors überzeugen. In diesen Fällen gehen Sie über die fünf Schritte hinaus und betrachten wie unter einer Lupe bestimmte Aspekte des Textes. Dies können Sie auf die traditionelle Leseweise tun, aber ebenso mit verlangsamtem DreiPunkteLesen oder SeitenLesen. Gegebenenfalls zeichnen Sie für diese Details eine eigene (kleine) Gedankenlandkarte.

Selbst mit diesem fokussierten Lesen sparen Sie Zeit: Sie lesen nicht das ganze Buch „langsam", sondern nur wenige ausgewählte Passagen.

*

Nach diesem Überblick gehen wir nun zur detaillierten Darstellung über.

Die **5 + 1** Schritte des **F**lächen**L**esens

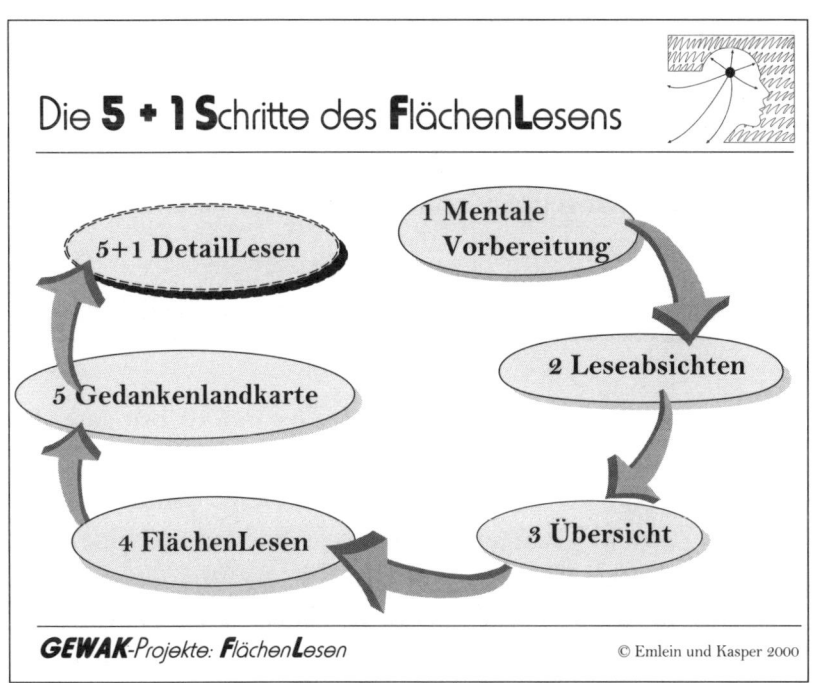

- 5+1 DetailLesen
- 1 Mentale Vorbereitung
- 2 Leseabsichten
- 3 Übersicht
- 4 FlächenLesen
- 5 Gedankenlandkarte

Schritt 1: Mentale Vorbereitung

Sie erfahren:

> ✓ Wie Sie sich selbst in einen aufnahmebereiten Zustand bringen
>
> ✓ Welche Hilfsmittel Ihnen dabei behilflich sind

Sich in einen entspannten mentalen Zustand zu bringen, das geht nicht auf Befehl. Nehmen Sie sich Zeit und entwickeln Sie Ihre eigenen kleinen Rituale, mit denen Sie in den aufnahmebereiten Zustand gelangen. Hier hat jeder Mensch seine eigenen Zugänge und Wege. Es gibt also kein Richtig oder Falsch – probieren Sie aus, was für Sie gut ist. Auch hängt es von Ihrer Umgebung ab, ob Sie *alle* Hilfsmittel nutzen oder nur einen Teil. In diesem Abschnitt stellen wir Ihnen Möglichkeiten vor, mit denen viele Menschen ausgesprochen gute Erfahrungen gemacht haben.

Wenn es Ihnen beim ersten Gang misslingt, jenen Zustand zu erreichen, gönnen Sie sich die Zeit für eine zweite Runde. Es macht keinen Sinn, wenn Sie angespannt mit dem Flächen-Lesen beginnen – Ihr Gehirn wäre dann nur wenig imstande, Informationen aufzunehmen. Anspannung bedeutete für Ihr Gehirn Kampf oder Flucht und würde chemisch mit Adrenalin bewerkstelligt. Sie wollen aber doch lesen und nicht Nashörner bekämpfen (wie unsere Vorfahren in grauer Vorzeit, als diese Gehirnvorgänge sich herausbildeten). Die Zeit, die Sie zum Umschalten benötigen, holen Sie durch FlächenLesen vielfach auf – und Sie werden zudem erholt und frisch Ihre Arbeit beenden, statt abgekämpft zu sein.

Ihre Arbeitsumgebung

Schaffen Sie sich Platz. Auf einem überbelegten Schreibtisch mit nur wenig Raum können Sie keine weiten Gedanken haben. Legen Sie alles beiseite, was Sie stören könnte, indem Sie jene Dinge erledigen oder außer Sicht bringen. Legen Sie sich die nötigen Utensilien zurecht: Lesestoff, Papier (DIN A3), Farbstifte. Blendfreies, indirektes Licht ermöglicht schattenfreies Arbeiten und belastet die Augen nicht.

Schließen Sie mit Ihrer Umgebung einen Vertrag: Keine Störungen bitte! Alles, was Sie irritiert, bannt Ihre Aufmerksamkeit. Nebengeräusche können Sie für sich umdefinieren: Nehmen Sie äußere Einflüsse in Ihrer Leseumgebung als hilfreiche Unterstützung zur Herstellung Ihres aufnahmebereiten Zustands wahr. Was geschieht, können Sie für sich nutzen: Jedes mitunter als noch so störend erlebte Geräusch können Sie als Erinnerungshilfe nutzen, um nunmehr in den förderlichen Zustand einzutauchen. Äußere Einflüsse können Sie mit etwas Übung als unterstützende „Begleiter" auf Ihre innere Lesereise mitnehmen.

Vielleicht mögen Sie *besondere Gerüche*, die Sie gedanklich an einen besonderen Ort entführen. Und wenn Sie lesen, als wären Sie an diesem besonderen Ort, lesen Sie leichter.

Musik eignet sich hervorragend zur Förderung der Entspannung und Aufnahmebereitschaft. Sorgen Sie also für ruhige und beruhigende Musik Ihres Geschmacks. Jede Musik, die von Ihnen kein besonderes Hinhören verlangt, ist geeignet. Naturgeräusche, Meditationsmusik, Klassik (langsame Sätze) sind gute Helfer. Vokalmusik fordert Aufmerksamkeit, die Ihnen beim Lesen fehlt, eignet sich also aller Erfahrung nach weniger. Aber probieren Sie aus, was für Sie gut ist.

Die Arbeitsumgebung soll Sie beruhigen und anregen. Das geht nicht von selbst. An allen Schreibtischen sollte es Kopfhörer geben und passende Musik zur Auswahl ...

Herstellen des aufnahmebereiten Zustands

Es ist kein Geheimnis mehr, dass eine günstige Balance aus Entspannung und konzentrierter Aufnahmebereitschaft eine optimale Ausgangslage darstellt. Diese Bewusstseinslage stellt auch neurophysiologisch gesehen eine zieldienliche Haltung dar. Dieser besonders aufnahmefähige und lernbereite Gehirnzustand entspricht im Rahmen eines EEGs, das die Gehirnströme misst, dem sogenannten Alphazustand (Schwingungsfrequenz 8–12 Hz).

Wie lässt sich nun der aufnahmebereite Zustand herstellen? Dies ist für jeden Menschen anders. Für manchen reicht es aus, sich Platz am Schreibtisch zu schaffen und die Kopfhörer aufzusetzen – und schon ist er im „Leseland". Andere haben ein detaillierteres Ritual. Aus so genannten primitiven Kulturen bis hin zu modernen Formen der Psychotherapie oder dem Ablauf bestimmter religiöser Feiern und Feste wissen wir, dass Rituale sich bestens zum Herstellen von Trancezuständen eignen.

Wir nennen hier hilfreiche Möglichkeiten. Rufen Sie sich eine Szene in Erinnerung, die für Sie Können und Kompetenz bedeutet. Das kann eine Leseerfahrung sein, aber ebenso gut eignen sich Urlaubserlebnisse, die Ihnen Selbstbestätigung geben, oder andere persönliche oder berufliche Erfolge. Zu solchen Topleistungen sind Sie fähig, Sie haben es sich bewiesen!

Vielleicht sagen Sie etwas Bestimmtes zu sich selbst, oder andere sagen etwas zu Ihnen. Vielleicht hören Sie bestimmte

Geräusche, riechen auffallende Gerüche. Auch mit der Erinnerung an ein Erlebnis eigener Kompetenz lässt sich vortrefflich lesen. Legen Sie sich also Ihre persönliche Tranceinduktion zurecht.

Der folgende Text kann Ihnen als Anregung dienen. Er verbindet Sehen, Hören und Empfinden, nutzt also mehrere Sinneskanäle:

Erlauben Sie sich in Ihrer gewöhnlichen Lesehaltung eine bequeme Sitzposition. Schließen Sie die Augen und legen Sie einen Moment lang die Hand auf Ihren Bauch. Beobachten Sie, wie sich Ihre Bauchdecke hebt und senkt. Achten Sie einfach auf das Atmen ...

Sie können sich zunehmend auf Ihr gleichmäßiges Ein- und Ausatmen konzentrieren. Spüren Sie, wie sich mit jedem weiteren Atemzug Ihr Bauch hebt und mit jedem Ausatmen Ihr Bauch wieder senkt. Heben und Senken, Einatmen und Ausatmen, immer gleichmäßiger. Wenn Sie mit jedem Atemzug bis drei und mit jedem Ausatmen bis vier zählen, können Sie mit jedem Ausatmen etwas tiefer in eine leichte Entspannung sinken. Und Sie können auch von Mal zu Mal etwas von jener Spannung abgeben, die Sie im Moment nicht brauchen.

Vielleicht erinnern Sie sich noch ein wenig an eine Erfahrung, bei der Sie sich ausgesprochen kompetent fühlten. Oder Sie stellen sich vor, wie Sie sich selbst bei dem kommenden Lesevergnügen über die Schulter zuschauen und wie Ihnen Ihr Lesen unglaublich leicht von der Hand geht. Oder wie Sie eine besondere Leistung erbracht haben, etwas Besonderes erreicht haben. Und möglicherweise gibt es neben den visuellen Eindrücken auch noch etwas für Sie zu hören, sei es Musik oder andere Geräusche – oder eine innere Stimme, die Sie bei diesem Erlebnis begleitet und unterstützt. Gleich, was Sie in diesem Moment gerade sehen und hören und empfinden, Sie haben dabei das Gefühl innerer Zufriedenheit. Ein angenehmes Körpererleben, das Ihnen signalisiert, dass Sie Ihre Ressourcen ganz ausschöpfen und dass Ihnen Ihre Kompetenzen mühelos zur Verfügung stehen.

... Und mit jedem weiteren Atemzug können Sie ein Stück von dieser konzentrierten Erfahrung aufnehmen, und Sie dürfen wissen, dass Sie dieses Erlebnis künftig jederzeit in sich aktivieren und von neuem nutzen können. Eine einmal erlebte und erfahrene Ressource ist wie ein Hologramm in Ihrem Langzeitgedächtnis, das Sie einfach nicht mehr vergessen können.[10]

Eine weitere Möglichkeit, in die Wachtrance zu gelangen, haben Sie mit den 3-D-Motiven. Auch diese leiten eine entspannte Haltung ein. Jonglieren erlaubt Ihnen ebenfalls das defokussierte, nach innen gewendete Sehen.

Fangen Sie an, sobald es für Sie stimmig ist. Sie werden es an einem Wohlgefühl und an wachsender Neugier merken, dass Sie so weit sind. Dann können Sie beginnen.

Anwenden

Nehmen Sie sich ein wenig Zeit und entwickeln Sie erste Schritte für Ihren persönlichen Weg zur aufnahmebereiten Haltung.

• Welche äußeren Umstände gehören dazu?

• Welche Musik möchten Sie hören?

• Welches Bild von Kompetenz lassen Sie in sich aufsteigen? Wenn das Bild gegenwärtig ist, was sehen Sie, was hören Sie, was riechen Sie, was schmecken Sie, was empfinden Sie?

- Auf welche Weise nutzen Sie Ihren Körper und achten auf seine Signale?

Fragen

„Was tue ich, wenn Gedanken, die nichts mit Lesen zu tun haben, mich ablenken?" Beziehen Sie diese Gedanken als positive Anreger mit ein. Vielleicht erinnern diese Gedanken Sie an etwas, was Sie vor dem Lesen oder danach zu tun haben. Wenn Sie mögen, schreiben Sie sich diese Impulse auf ein Blatt Papier und legen Sie dieses für eine spätere Zeit beiseite. Bedanken Sie sich also bei Ihrem Gehirn und freuen Sie sich, dass es so gut auf Sie aufpasst.

Mentale Vorbereitung

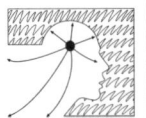

> Vereinbare Ruhe mit deiner Umgebung
> Richte dir eine unterstützende Umgebung ein
> - Ruhe
> - Musik
> - Getränke
> Bereite dich gedanklich vor
> - Lesefantasie, Fantasiereise
> - Entspannung
> Ziel:
> - Neugier auf den Lesestoff
> - aufnahmebereiter Zustand

GEWAK-Projekte: FlächenLesen   © Emlein und Kasper 2000

„Was ist, wenn die Entspannung sich nicht einstellt?" Auch dies geschieht bisweilen. Entspannung lässt sich nicht erzwingen. Je mehr Sie darauf warten, desto weniger stellt sie sich ein. Nehmen Sie Ihre Anspannung stattdessen als Ihre letzte Muskelkontraktion, die Sie darauf vorbereitet, dass Sie danach entspannen dürfen. Manchmal hilft es auch, das Entspannungsritual zu ändern: eine andere Geräuschkulisse, ein anderes, besser entspannendes Bild ...

Schritt 2: Leseabsichten festlegen

Sie erfahren:

> ✓ Wie Sie zielorientierte Fragen an einen Text bzw. Autor stellen
>
> ✓ Wie Sie entscheiden, welche und wie viele Informationen Sie beim Lesen benötigen
>
> ✓ Wie Sie den Zusammenhang von Leseökonomie und DetailLesen berücksichtigen

Jeder, der schon einmal eine Konferenz geleitet oder eine Präsentation durchgeführt hat, weiß, dass es dazu einer sorgfältigen Vorbereitung bedarf. Und unabhängig davon, ob es sich um eine Konferenz- oder Präsentationstechnik handelt, stets werden Sie damit bestimmte Absichten und klar gesteckte Ziele verfolgen: Wofür soll die Sache gut sein, welches Problem soll sie lösen? Was genau möchte ich eigentlich als Botschaft vermitteln?

Bei der täglichen Lektüre von Büchern und Zeitschriften hingegen scheint dieses absichtsorientierte Vorgehen häufig außer Kraft gesetzt – oder wir tun so, als hätten wir beim Lesen alle Zeit dieser Welt. In einer Zeit des sich beschleunigenden Informations- und Wissenszuwachses haben jedoch unklare und undefinierte Leseziele ihre Unschuld verloren. Effizientes Lesen und ein gutes Zeitmanagement sind die zwei Seiten ein und derselben Medaille.

FlächenLesen nutzt diese gute Erfahrung, dass Ziele wie Wegweiser funktionieren: Die eigenen Leseabsichten vorläufig und mit der Offenheit zur Selbstkorrektur festzulegen, ermöglicht ein Eingehen auf den jeweiligen Text und bietet die Basis für effizientes Lesen. Es bedarf nur weniger Minuten, um die eigene Aufmerksamkeit zu sammeln, Absichten und Ziele zu bestimmen und eine leseförderliche Haltung einzunehmen. Wer beruflich oder zum privaten Vergnügen liest, begibt sich gleichsam auf eine innere Reise. Dabei wird es hilfreich sein zu wissen, wohin die Reise und bis zu welchem Ziel sie gehen soll.

Legen Sie Ihre Leseabsichten fest und überlegen Sie sich: *Welche Frage(n) habe ich an den Autor? Welche meiner vielen Fragen soll er mir beantworten?* Stellen Sie sich vor, dass Ihr Text von einem Menschen aus Fleisch und Blut geschrieben wurde; und Sie haben jetzt die Möglichkeit, ihn über seinen Text zu interviewen. Was eigentlich genau möchten Sie zum Thema von dem Autor wissen?

Je weniger Fragen, desto besser. Wenn Ihr Gehirn *zugleich* „hü" und „hott" folgen soll, wird es konfus. Haben Sie also mehr als eine Frage, so ordnen Sie Ihre Fragen nach *wichtig* und *weniger wichtig*. Welche Aspekte des Lesestoffes sind *jetzt* für Ihre Fragestellung entscheidend?

Überlegen Sie weiterhin einen Augenblick lang, welche und wie viele Details Sie brauchen werden. Vielleicht reicht ja auch ein allgemeiner und grober Überblick. Selbstverständlich werden Sie manchmal spezifische Einzelheiten aufspüren und festhalten wollen. Doch kein Mensch muss bei jeder Gelegenheit jedes einzelne Detail erfassen – und mit Übergenauigkeit und überdifferenziertem Detailwissen überfordern Sie sich in der Regel selbst. Bisweilen treibt der Wunsch nach Perfektion Menschen dazu, unnötigen Leseballast zu bearbeiten. Wir vergessen dabei, dass Ballast auch einmal – zumindest vorübergehend – beiseite gelegt werden darf.

Und *last not least:* Wie viel Zeit möchten Sie für Ihr beabsichtigtes Lesen investieren? Wann immer Sie für eine Lektüre Zeit aufwenden, schenken Sie dieser Frage Beachtung und Aufmerksamkeit. Sie erhöhen Ihre eigene Konzentration, wenn Sie einen Zeitrahmen abstecken, innerhalb dessen die Begegnung zwischen Ihnen und dem Autor stattfinden soll. Es gibt einen bekannten Szenespruch: „Die Arbeit erstreckt sich auf die zur Verfügung gestellte Zeit." Das heißt: Wenn Sie sich *alle Zeit dieser Welt* erlauben, werden Sie *alle Zeit dieser Welt* benötigen.

Sie werden die Überraschung erleben, dass Sie am Ende sogar weniger Zeit brauchen, als Sie veranschlagt haben. In einer klaren Zeitstruktur fühlt sich Ihr Gehirn sicher und kann sich leichter zur Aufnahmebereitschaft hin entspannen; ist es dagegen mit der Frage in Beschlag genommen, ob die Zeit auch ausreiche, so ist es weniger entspannt.

Während eines Kuraufenthaltes sucht ein Softwareanwender nach spezifischen Lösungen für bestimmte Fragen. Obwohl er schon wiederholt das Inhaltsverzeichnis und das Stichwortregister durchgesehen hat, bleibt seine Suche ergebnislos. An einem Nachmittag „scannt" er ein Handbuch von 1100 Seiten, um Antworten für seine Softwareprobleme zu finden. Nach einer halben Stunde hat er zielsicher und ohne weitere Denkanstrengungen die richtigen Hinweise zu seinen Fragen im Text aufgespürt. Er musste nicht „alles" gelesen haben, um seine spezifischen Fragen zu lösen, sondern nur „wie im Schlaf" die richtigen Stellen – und die fand er durch klare Festlegung des Leseziels.

Haben Sie Ihre Leseziele festgelegt, fokussiert dies wie von selbst Ihre Aufmerksamkeit auf das Lesen, und Sie stimmen sich auf den Text ein. Dabei entsteht eine regelrechte „Sogwirkung" in Richtung zieldienlichen Lesens.

Anwenden

Wenden Sie einfach die folgenden Fragen auf Ihr nächstes Schriftstück an:

- Welches Interesse und welche Frage habe ich an den Autor bzw. an den Text?
- Was daran (Themen und Details) ist *jetzt* für mich wichtig? Reicht vielleicht ein erster Überblick?
- Wie viel Zeit werde ich mir für die anstehende Lektüre einräumen?

Sie werden staunen, um wie viel schneller Sie mit Ihrer Lektüre fertig sind, allein durch Klärung dieser Fragen.

Fragen

„Woher und wie genau kann ich denn wissen, welche Absichten und Ziele ich dem Text gegenüber habe, wenn ich den Text noch gar nicht kenne?" Nun, wenn Sie sich auf eine Reise begeben, ohne ein Ziel ansteuern zu wollen, dann ist Ihr Zielort eigentlich überall und nirgendwo. Sie werden also weder einfach „Zug fahren" noch „herumlesen". Sie haben Absichten – und diese sollten Sie genau benennen und beschreiben. Durch Ihre Fragen richten Sie sich beim Lesen wie mit einem Kompass auf ein bestimmtes Leseziel aus. Wenn Ihr Gehirn weiß, wonach Sie suchen, wird es die dazu gehörende Information auch auffinden. Sollten Sie beim Vorbereiten zusätzliche Informationen erhalten, dann werden Sie gegebenenfalls Ihren Zielort modifizieren.

Eine Übung hilft hier den eher skeptischen Lesern weiter: Legen Sie für irgendeine Lektüre einmal Ihre Leseabsichten fest; befragen Sie *vor* Ihrer Lektüre einen Freund oder Kollegen, der den Lesestoff schon kennt. Zumeist geschieht dann Folgendes: Ihr Kollege gibt Ihnen eine Bestätigung, dass Sie mit Ihren intuitiv festgelegten Leseabsichten schon einen guten Zugang zu wesentlichen Ideen des Autors gefunden haben. Sie dürfen daraus schließen, dass Ihre rasch definierten Leseabsichten Ihnen zielsicher geholfen haben, die entscheidenden Themen und Gedanken Ihres Textes zu erkennen.

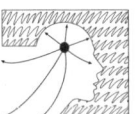

Leseabsichten festlegen

> ➢ **Welche Frage(n) hast du an den Autor?**
>
> ➢ **Welche Themen und Aspekte des Stoffes sind jetzt für deine Fragestellung wichtig?**
>
> - **Welche und wie viele Details brauchst du?**
> - **Oder reicht ein Überblick?**
>
> ➢ **Wie viel Zeit möchtest du investieren?**

GEWAK-Projekte: Flächen**L**esen

Schritt 3: Übersicht gewinnen

Sie erfahren:

> ✓ Wie Sie eine „sinnliche Übersicht" bekommen
>
> ✓ Wie Sie sich eine gedankliche Übersicht erarbeiten
>
> ✓ Wie Sie präzise Leseentscheidungen treffen

Die „sinnliche Übersicht"

Wir haben Sie schon zu Beginn dieses Buches mit der Wischbewegung eingeladen, auf eine recht eigenwillige Weise sich dem vorliegenden Buch zu nähern. Dabei haben Sie nur – und zwar völlig absichtslos – über die Seiten dieses Buches gewischt; zu „lesen" gab es hierbei noch nichts. Gleichwohl haben Sie bestimmte sinnesspezifische Eindrücke gesammelt, und das Buch ist Ihnen seither nicht mehr ganz unbekannt: Vielleicht haben Sie bewusster als sonst die Beschaffenheit des Papiers wahrgenommen, und wie angenehm sich dessen Oberfläche anfühlt.

Eigentlich sollte man zu Recht meinen, dass alles Lesen einzig eine Angelegenheit des visuellen Sinneskanals sei. Das heißt, Lesen scheint ausschließlich eine Sache unserer Augen zu sein. Dies ist allerdings nicht die ganze Wahrheit. Sehr häufig können sich Erwachsene an ein gelesenes Buch erinnern, indem sie sich zum Beispiel den Geruch und die Struktur des Schriftstückes vergegenwärtigen. Und es ist keine Seltenheit, dass jemand über den Tastsinn Gedanken und Assoziationen zu einem Text innerlich speichert und abruft. Bei Kindern ist diese Fähigkeit, mehrere Sinneskanäle gleichzeitig zu nutzen, noch sehr ausgeprägt.

Vielleicht kennen Sie auch die folgende Erfahrung: Sie erinnern sich an den Geruch, der in Ihrer Schule in der Luft lag. Falls Ihnen das gelingt, sehen Sie vielleicht entsprechende Bilder Ihres Schulgebäudes vor Ihrem inneren Auge – wie es im Flur, im Treppenhaus oder in Ihrem Klassenzimmer ausgesehen hat. Wahrscheinlich können Sie auch Geräusche und Stimmen von Mitschülern oder Lehrern mit Ihrem inneren Ohr hören …

Und Sie erinnern sich an gewisse Lernsituationen! Wer also einen Lesestoff *mit allen Sinnen* wahrnimmt, schafft sich vielfältige interne Verknüpfungen und verbessert seine Gedächtnisleistung nachhaltig. Wie Sie sich mit allen Sinnen auf Ihr Lesevergnügen mental vorbereitet haben, so machen Sie sich jetzt auf gleiche Weise mit dem Schriftstück bekannt.

Lesen Sie also Ihr Buch mit der Nase, mit den Fingern, mit den Ohren. Sie nehmen dabei mehr auf, als Sie vermuten würden. Ihr Gehirn wird es Ihnen danken. Wie Ihre Schulerinnerung zeigt, speichert Ihr Gehirn ein Gesamtbild, in dem Gesehenes, Gehörtes, Gerochenes und Empfundenes eine Einheit bilden. Entsprechend „stark" ist die Erinnerung. Sie helfen also Ihrem Gehirn, indem Sie es nicht nur sehen, sondern auch hören, riechen und fühlen lassen. Wir haben es also mit sinnesorientierten Ankern zu tun, die Ihrem Gehirn erlauben, gelesene Information festzuhalten.

Dieser Aspekt wird weitgehend unterschätzt. Und doch wissen Sie, dass und wie eine Frühlingswiese „riecht". Auch die Wildschweinherde im Zoo bleibt ihnen unvergessen, weil starke Gerüche sich Ihnen eingeprägt haben. Gerne streichen

Sie auch mit den Fingerspitzen über die von Ihnen persönlich glatt gehobelte Oberfläche einer Holztruhe … Also, nutzen Sie diese sinnliche Verankerung auch für Ihr Lesen!

Die gedankliche Übersicht

Wollen Sie anschließend die Grundstruktur eines Schriftstücks verstehen, so suchen Sie nach Hauptideen, Stichwörtern, seiner Gliederung, nach dem Besonderen im Vergleich zu anderen Schriftstücken zum Thema. Hilfreiche Informationen dazu finden Sie …

* im Inhaltsverzeichnis,

* in Zusammenfassungen (am Anfang oder am Ende von Aufsätzen oder Kapiteln), Klappentexten, Vor- und Nachworten,

* in Zwischentiteln, Kapitelüberschriften, in Grafiken und Bildern,

* im Stichwortverzeichnis.

Es ist erstaunlich, wie viele detaillierte Informationen Sie auf diesem Weg bereits erfassen können. Jeder Lesestoff, den Sie auf diese Art vorbehandeln, wird sukzessive in Ihr Langzeitgedächtnis einsickern, ohne dass Sie dafür etwas tun müssten. Sie haben auf diesem Wege schon eine sehr nützliche Skizze Ihres Schriftstücks erhalten.

Diese Skizze ist das Gerüst für alle weiteren Entscheidungen. Sie erfüllt denselben Zweck wie eine Skizze für einen Künstler. Bevor dieser sich an das Anfertigen des ganzen Kunstwerks macht, entwirft er eine Blaupause mit den wichtigsten Grundlinien. Diese dient ihm als Anhaltspunkt, um alle nötigen Details dort wie in ein Gerüst „hineinzuhängen". Das kann Ihr

Gehirn autonom für Sie tun, ohne Ihre bewusste Aufmerksamkeit.

Sie kennen vermutlich das folgende Phänomen: Sie lesen einen bestimmten Text ohne besondere Konzentration, und dennoch geschieht es bisweilen, dass Ihnen bestimmte Schlagwörter und Begriffe regelrecht in die Augen springen. Diese Signal- oder Schlüsselwörter erfüllen eine wichtige Funktion, denn sie schaffen kontinuierlich neue Orientierungspunkte für Ihre Aufmerksamkeit. Ferner helfen sie, Ihre Konzentration beim Lesen zu organisieren. Im Bereich der schöngeistigen Literatur binden sich bestimmte „Schlüsselreize" bisweilen an einzelne Rollen oder Schauplätze einer Handlung. Mit einer Hand voll Schlüsselwörter sind Sie spielend in der Lage, ein gedankliches Netz über einen Text zu spannen. Ob Sie dabei Ihr Gedankennetz lieber weitmaschiger oder engmaschiger knüpfen wollen, hängt von Ihrem konkreten Lesezweck ab und kann immer wieder verändert und aktualisiert werden.

Entscheidung: Lesen oder nicht lesen?

In einem letzten Teilschritt lassen Sie Revue passieren, was Sie bislang an Lesearbeit geleistet haben. Jetzt gilt es eine grundlegende Entscheidung zu treffen: Wollen Sie mit dem aktuellen Lesestoff weiterfahren – oder ist es günstiger hier zu einem (vorläufigen) Ende zu kommen? Möglicherweise brauchen Sie für den Moment nur einige wenige grobe Informationen, die Sie zu einem späteren Zeitpunkt problemlos mit weiteren Details anreichern können. Oder es zeigt sich, dass das Buch für Sie ohne Wert ist. So sparen Sie noch mehr Zeit – und Geld.

Eine selbständige Trainerin, die seit Monaten zwei ungelesene Bücher zum Thema „Supervision / Prozessbegleitung" in ihrem

Bücherschrank stehen hatte, zog nach einer Übersicht von etwa 10 Minuten die Konsequenz, dass diese Texte für sie keine hilfreiche Neuinformation beinhalteten. In den Wochen und Monaten davor hatte sie vielfach „ein schlechtes Gewissen gehabt" und sich dafür kritisiert, dass sie diese Bücher immer noch nicht gelesen hatte. Die Entscheidung, ein Buch auch aussortieren zu können, erlebte sie als angenehme Erfahrung.

Anwenden

Gestatten Sie sich die folgende Umsetzung:

- Nehmen Sie ein Schriftstück in die Hand, tasten Sie nach der Beschaffenheit und schnuppern Sie daran. Hören Sie die Geräusche, riechen Sie das Papier und die Druckfarbe. Wie „schmeckt" Ihnen, was Sie lesen wollen?

- Sammeln Sie erste Eindrücke, indem Sie ...

  ... das Inhaltsverzeichnis überfliegen;

  ... auf Vor- und Nachwort sowie Klappentexte achten;

  ... Kapitelüberschriften registrieren und Schaubilder auf sich wirken lassen;

  ... Stichwortregister studieren sowie

  ... Schlagwörter herausfiltern.

- Treffen Sie eine Entscheidung: „Ist dieser Lesestoff *jetzt* interessant für mich?"

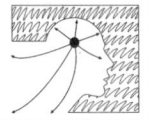

Übersicht gewinnen

> **Sinnliche Wahrnehmungen:**
> • Geruch,
> • Klang und
> • Beschaffenheit des Schriftstückes

> **Erste Eindrücke sammeln**
> • Inhaltsverzeichnis
> • Zusammenfassungen, Klappentexte, Vorwort, Nachwort
> • Kapitelüberschriften, Zwischentitel, Schaubilder
> • Schlagwortregister
> • Schlüsselwörter

> **Entscheidung treffen**

GEWAK-Projekte: *FlächenLesen*   © Emlein und Kasper 2000

Fragen

Wie präzise und wie langsam soll ich lesen, ohne mich schon gänzlich „festzulesen"? Eine häufig gemachte Erfahrung bezieht sich auf das überfliegende Lesen von grundlegenden Informationen wie Vor- bzw. Nachwort. Hier kann unter Umständen ein selbstgewähltes Zeitlimit (bei Büchern ungefähr 10 bis 12 Minuten) unterstützend sein.

Es ist in der Tat ein wenig paradox, sich selbst die Aufforderung zu geben, eine erste konzentrierte Übersicht zu gewinnen und sich dabei dennoch wieder rechtzeitig vom Text zu lösen.

In gewisser Hinsicht tauchen Sie kurzfristig in einen Lesestoff ein, prüfen seine Konsistenz, das heißt seine Grobstruktur, und tauchen danach sofort wieder auf. Ein im Übrigen sehr fein differenzierter Vorgang, der unser Lesen in Bewegung hält, anstatt dass wir zu früh an Einzelheiten hängen bleiben.

Woran kann ich feststellen, dass meine Entscheidung am Ende des zweiten Schrittes gut getroffen ist? Sie können sich diese Frage am leichtesten durch eine gute Erfahrung mit sich selbst beantworten. Machen Sie einfach die Probe aufs Exempel, indem Sie nach einer kurzen Phase der Übersicht noch einmal tiefer in den Text eintauchen. Achten Sie darauf, ob Sie über das Vor- und Nachwort hinaus zusätzliche wesentliche Informationen erhalten. Sollte dies nach Ihrer ersten Übersicht nur begrenzt der Fall sein, dann haben Sie die angenehme Rückmeldung, dass Ihr erster Überblick bereits treffend und zielsicher genug war.

Seitengedanken: Das Gehirn als Leseorgan

Bevor Sie anfangen zu lesen, machen Sie sich zuerst mit dem Buch bekannt: Wie sieht es aus, wie fühlt es sich an, wie riecht es? „Am Bewusstsein vorbei lesen": Weshalb genau funktioniert das? Dahinter stecken Erfahrungen, die inzwischen durch Forschung und Pädagogik belegt worden sind:

1. Unser Gehirn ist ein multimodales Werkzeug. Es arbeitet auf vielen Kanälen gleichzeitig. Diese Erfahrung hat sprachliche Spuren hinterlassen: Wir erfassen etwas, wenn wir etwas vor unserem geistigen Auge wahrnehmen. Wir begreifen etwas, wenn wir etwas verstehen. Uns schmeckt etwas nicht, wenn

wir etwas nicht mögen. Den einen oder anderen Menschen kön-
nen wir nicht riechen, weil der „Kamerad" etwas merkwürdig
ist. Eine Liebeserklärung berührt uns sonderbar. Wir sehen,
dass wir für die Prüfung noch etwas lernen sollten. Eine Idee
hört sich gut an, und wir stimmen ihr zu.

Die hervorgehobenen Tätigkeitswörter zeigen: Das Gehirn nutzt
unsere Sinneskanäle, um sein Wissen zu erwerben und zu ver-
mehren; Spuren davon finden wir in unserer Sprache. Denken
Sie daran: Wir Menschen lernen den größten Teil unseres ge-
samten Wissens im ersten Lebensjahr – mit unseren Sinnen.
Säuglinge können ja noch keine Sprache, in der sie denken und
reden. Und doch verstehen sie alles, was sie brauchen.

2. *Das Gehirn ist immer* als Ganzes *in Aktion, nie nur in Tei-*
len. Es ist eine inzwischen schon etwas betagte Theorie, dass un-
ser Gehirn hälftig aufgeteilt sei. Man sprach von einer linken
Hemisphäre, die für Denken, für Mathematik, für Logik und
für Sprache zuständig sei, und von einer rechten Hemisphäre,
die für Musik, Bewegung, Metaphorik, Kunst und Religion be-
nutzt werde. Und man ging davon aus, dass im Regelfall jeweils
nur eine Seite des Gehirns aktiv werde. Dies hat sich als unzu-
treffend herausgestellt.[11] Das Gehirn ist immer als Ganzes in
Bewegung. Jeweils mehr oder weniger sind alle Arbeitszugänge
des Gehirns in Aktion, alle Sinneskanäle aktiv: Sehen, Hören,
Fühlen, Riechen, Schmecken. Wir sind uns dessen allerdings nur
noch sehr wenig bewusst – und vergeben damit zahllose Mög-
lichkeiten.

Wenn unser Gehirn eine bestimmte Information nicht nur über
einen Kanal (Sehen), sondern über mehrere Kanäle aufnimmt,
wird diese Information mehrfach gespeichert, mehrfach kodiert.
So bleibt sie besser im Gehirn haften. Und durch die Mehrfach-
kodierung ist sie auch auf verschiedenen Wegen abrufbar: Eine

bestimmte Information fällt uns schneller (und öfter) ein, wenn sie über mehrere Informationsnetze erreichbar ist.

3. Das Gehirn ist kein Computer – das wäre eine Untertreibung. Vergleichbar ist es eher mit einer ganzen Sammlung von Computernetzwerken.[12] Gleich mehrere Netzwerke – und diese arbeiten alle parallel und gleichzeitig. 14 Milliarden Gehirnzellen mit 100 Milliarden Verknüpfungen können eine ganze Menge; so viel, dass es bislang nicht gelungen ist, deren Fähigkeiten durch Computersimulation nachzuahmen.

Diese Zellen sind in Netzwerken verschaltet, und zwar in verschiedenen. Und jedes Netzwerk besteht aus mehreren Rechenzentren, die die Arbeit für uns tun. Das Gehirn ist sehr wohl aufgeteilt – in Bereiche, die Hören, Sehen, Bewegung, Riechen oder Schmecken verarbeiten. Diese Bereiche lassen sich auch im Gehirn lokalisieren. Aber: Sind mehrere Netzwerke an einer Information beteiligt, dann kommunizieren diese Netzwerke noch zusätzlich miteinander. Es werden zusätzliche Verbindungen (Gehirn- bzw. Gedächtnisstrukturen) geschaffen – und das Gehirn kann mehr speichern.

4. Intelligenz ist nichts anderes als die Kapazität des Gehirns, Information zu verarbeiten (aufzunehmen, abzugleichen usw.). Je mehr Verschachtelungen und Verknüpfungen geschaffen werden, desto mehr bzw. genauere Information hat das Gehirn und desto besser kann es seine Aufgaben bewältigen.

Der amerikanische Psychologe H. Gardner[13] spricht von sieben Intelligenzen, die der Mensch habe. Was wir üblicherweise als Intelligenz bezeichnen, sei nur eine davon: die logisch-mathematische. Daneben gebe es eine sprachliche, eine räumlich-visuelle, eine musikalische, eine interpersonell-soziale, eine intrapersonale (Selbstbezug) und eine körperlich-kinästhetische. Diese Intelligen-

zen haben wir alle, aber in unterschiedlicher Ausprägung. Wir haben bevorzugte Sinneskanäle und Intelligenzen, die wir dann umso besser nutzen können; und unsere schwächeren Intelligenzen, so wir sie nicht verstärken können, gleichen wir aus, indem wir andere Kanäle benutzen. Es ist sinnvoll herauszufinden, wo jeder von uns seine Stärken und Schwächen hat. Leider wird dies in der klassischen Pädagogik immer noch nicht ausreichend berücksichtigt, sondern diese Einsicht wird nur von wenigen pädagogischen Visionären umgesetzt.[14] Wir machen es damit unseren Kindern unnötig schwer.

Lesen und Lernen mit allen Sinnen ist also die Absicht. Wir erreichen viel mehr, wenn wir nicht nur einen, sondern möglichst viele Sinneskanäle gleichzeitig gebrauchen. Wir nutzen mehr neuronale Verbindungen, wenn wir nicht nur mit dem Auge lesen, sondern auch mit den Fingern, dem Ohr (Bücher machen Geräusche) und der Nase. Und wir haben mehr Spaß dabei, weil viele Arten von Eindrücken an unserer Arbeit beteiligt sind.

5. Das Gehirn arbeitet chaotisch. Jene vielen Netzwerke prozessieren innerhalb ihrer selbst, aber auch untereinander Information. Ständig und nebeneinander, gegeneinander, parallel zueinander werden Informationen weitergegeben. Es schadet also gerade nicht, sondern nutzt die Arbeitsweise des Gehirns, wenn wir „chaotisch" lesen (und lernen). Schnell über etwas hinweg, nebenbei, dann wieder unvermittelt genau, dazu hören wir ein wenig beruhigende Musik, die vielleicht noch zusätzlich mit Naturgeräuschen unterlegt ist. Dann wieder über einen anderen Sinneskanal, dann dasselbe noch einmal anders oder einen Aspekt davon. Das Gehirn macht sich selbst seinen Reim darauf. Es ist weniger zweckmäßig für dieses Organ, wenn wir systematisch lesen und lernen, eines nach dem anderen und logisch aufgebaut.

Nutzen Sie alles, solange Ihr Augenmerk nicht daran festklebt (und damit anderes ausschließt). Nur was als störend erlebt wird, sollte verändert werden, denn dies zwingt dazu, den lustvoll-chaotischen Gang des Lesens abzubrechen.

6. Unser Gehirn braucht nur Millisekunden, um etwas wieder zu erkennen. Bei Gesichtern und Gemälden glauben wir das gerne, und wir nutzen diese Fähigkeit schon immer. Ein Gemälde von Picasso bleibt uns als ganzer Wurf – als „Muster" – in Erinnerung, auch wenn wir Mühe hätten, jede Einzelheit zu beschreiben. Anders als im Nacheinander eines Textes oder im Nacheinander von Gesagtem bietet das Gehirn uns die Möglichkeit, Sinnverknüpfungen gleichzeitig – als „Gedankenlandkarte" aufzunehmen und abzuspeichern. So wie unser Gehirn in Netzwerken arbeitet, organisiert es auch Information: als Netzwerk von Bedeutungen und Ideen. Sogenannte Mindmaps als mentale Landkarten zum Beispiel nutzen genau diesen Aspekt der Arbeitsweise des Gehirns, seine Vernetztheit, seine unterschiedlichen Intelligenzen. Sie sprechen Bildhaft-Metaphorisches und Sprachliches an, und zwar gleichzeitig. Auf Papier bekommen wir die Struktur, mit der das Gehirn selbst arbeitet.

„Lesen" wir nun in Sekundenschnelle einen Text als ganze Fläche (wie im Folgenden beschrieben), so nutzen wir die Fähigkeit des Gehirns, ganze (Buchstaben-)Gemälde zu erfassen.

Schritt 4: FlächenLesen einsetzen

Sie erfahren:

> ✓ Welche Lesetechniken FlächenLesen bietet
>
> ✓ Wie Sie welche Technik jeweils auswählen
>
> ✓ Wie Sie die „FlächenLesen-Formel" anwenden
>
> ✓ Wie Sie Ihre Lesekompetenz wertschätzen können

Im Folgenden beschreiben wir Ihnen mehrere Möglichkeiten des Schnell-Lesens. Vielleicht werden Sie sich am Ende für eine davon entscheiden oder für unterschiedliche Texte unterschiedliche Methoden auswählen oder auch Kombinationen entwickeln.

DreiPunkteLesen[15]

Wir laden Sie ein, ein kleines Experiment durchzuführen. Gehen Sie die unten abgebildete Buchseite einmal auf eine ganz andere Art und Weise durch, indem Sie nämlich Ihre Augen den Text rhythmisch abwandern lassen. Bewegen Sie Ihre Augen von links oben Zeile für Zeile nach rechts unten. Lassen Sie dabei Ihre Augen ganz entspannt die einzelnen Sterne anfokussieren und achten Sie dabei nur auf die rhythmische Augenbewegung. Lassen Sie alles andere außer Acht.

Probieren Sie diese Technik jetzt aus!

Wenn Sie an das Ende gelangt sind, machen Sie bitte noch ein wenig weiter – vielleicht wieder von vorne –, bis Ihre Augen einen ganz entspannten und lockeren Rhythmus gefunden haben.

_____ ✳ _____ ✳ _____ ✳ _____

_____ ✳ _____ ✳ _____ ✳ _____

_____ ✳ _____ ✳ _____ ✳ _____

_____ ✳ _____ ✳ _____ ✳ _____

_____ ✳ _____ ✳ _____ ✳ _____

_____ ✳ _____ ✳ _____ ✳ _____

_____ ✳ _____ ✳ _____ ✳ _____

_____ ✳ _____ ✳ _____ ✳ _____

Nun, wie ist diese „Leseerfahrung" für Sie gewesen? Zugegeben, bei uns selbst hat es am Anfang, als wir das DreiPunkteLesen kennen gelernt haben, nicht geklappt. Wir haben es daher zunächst einige Male wiederholt. Allmählich haben wir die Erfahrung gemacht, dass unsere Augen einen ganz guten Rhythmus gefunden haben und unser „Lesen" stabil wurde. Dieses Experiment bliebe aber nur eine „Trockenübung", wenn wir jetzt nicht versuchten, das DreiPunkteLesen auf einen Text zu übertragen. Deshalb laden wir Sie ein: Lesen Sie in *Ihrem* Rhythmus die nächste Seite dieses Buches auf diese Weise durch. Achten Sie nicht auf den Text oder gar seinen Sinn; denn verstehen und aufnehmen brauchen Sie im Moment noch gar nichts. Für den Augenblick dürfen Sie mit dieser neuen Sehtechnik einfach nur experimentieren.

Lesetrainings mit Schülern erbrachten immer wieder eine verblüffende Erfahrung. Bei der Aufgabe, eine Textseite mit der Drei-Punkte-Technik zu lesen – ohne auf die Wortbedeutung zu achten –, kam regelmäßig die Rückmeldung, dass man anfänglich mit drei Punkten und schließlich mit zwei Punkten pro Zeile gelesen habe; das sei einfach angenehmer für die Augen gewesen …

Wenden Sie die Drei- oder Zwei-Punkte-Technik auf diesen Text an und achten Sie zunächst einfach auf Ihre neuen Erfahrungen damit. Mit dieser Lesetechnik können Sie künftig Ihr herkömmliches Lesetempo gezielt variieren und völlig stressfrei beschleunigen.

SprungLesen

Auch beim SprungLesen lesen Sie noch Wörter und Sätze. Sie beschleunigen Ihr Lesetempo aber auf eine andere Art: Sie springen über gewisse Sätze hinweg. Wie ein Hase hüpfen Sie von Absatzbeginn zu Absatzbeginn und lassen alles, was dazwischen steht, aus.

Sie lesen nämlich von jedem Absatz nur jeweils den ersten Satz. Dieser Satz (oder, wenn nötig, die ersten beiden Sätze) orientiert Sie darüber, wovon der Absatz handelt. Ein Absatz ist ein gedanklicher Neuansatz, der im ersten Satz oder in den ersten beiden Sätzen vorgestellt und in den weiteren Sätzen nur noch entfaltet wird. Das Thema haben Sie also gleich zu Anfang, und Sie können damit den neuen Gedanken in die Gedankenwelt des bisher Gelesenen einfügen – mehr benötigen Sie gewöhnlich nicht.

Sobald Sie orientiert sind, springen Sie zum nächsten Abschnitt und verfahren ebenso. Ihr Gehirn wird von selbst (wie im Sinne einer Gedankenlandkarte) alles Nötige ergänzen oder anderenfalls Sie benachrichtigen, dass Sie doch noch einzelne weitere Sätze lesen sollten, bevor Sie zum nächsten Abschnitt springen. *Probieren Sie SprungLesen (nachträglich) an diesem Unterkapitel aus.* Zu diesem Zweck sind die sinntragenden Sätze kursiv gedruckt. Lesen Sie also nur diese Sätze und spüren Sie dem nach, ob Sie sich gut informiert fühlen oder ob Ihnen etwas fehlt. Vermutlich werden Sie sagen: Alles Wichtige, um das SprungLesen praktizieren zu können, habe ich erfahren. Und weniger anstrengend war es auch.

FingerLesen

Eine weitere Steigerung Ihrer Lesegeschwindigkeit bietet Ihnen das FingerLesen. Wir haben dieses Verfahren bei Klaus Marwitz in seinen Seminaren „Alphalesen" kennen und schätzen gelernt. Obwohl nach den Aussagen mancher Bücher über Schnell-Lesetechniken der Gebrauch des Fingers als Zeigegegenstand verpönt ist, möchten wir Sie ermutigen, Ihre Finger beim Lesen einzusetzen – aber vielleicht anders, als üblicherweise beschrieben.

Sie legen den Zeigefinger in die Mitte eines Textes und fahren die Zeilen langsam senkrecht (!) von oben nach unten. Dabei fokussieren Sie nicht auf Buchstaben und Zeilen, sondern auf Ihren Fingernagel oder auf eine Stelle knapp oberhalb davon. Wenn Sie das einige Male ausprobiert haben, beginnt Ihr Blick ganz leicht zu „verschwimmen" – die Buchstaben sind schon lange nicht mehr genau lesbar. Sie erhalten anstelle der Verschwommenheit etwas anderes: Ihre Blickspanne weitet sich. Mit dieser Form des defokussierten Lesens nehmen Sie in Ihrem peripheren Sehbereich weitere Wörter auf.

Es spielt keine Rolle, wohin genau Sie blicken. Wichtig ist nur, dass Sie Ihren Finger möglichst gleichmäßig von oben nach unten bewegen und Ihren Blick in Höhe des Fingernagels entspannt ruhen lassen. Alles Weitere wird sich nach einiger Zeit von selbst einstellen. Lesen Sie die folgende „Zeitungsspalte" einmal nur mit Ihrem Finger und achten Sie währenddessen darauf, was passiert. Vielleicht wiederholen Sie die Übung ein paar Mal. Aber achten Sie darauf, nicht Buchstaben entziffern zu wollen. Sie würden Ihre Blickweite verlieren und ganz exklusiv auf Einzelheiten fokussieren. Achten Sie daher zunächst noch nicht auf den Inhalt des Textes. Wenden Sie FingerLesen jetzt auf den folgenden Text an!

„Trance wirkt wie autogenes Training und Entspannung beruhigend und verhindert bestimmte, durch Stress bedingte hormonelle Reaktionen, die auf Dauer schädlich sind. Darüber hinaus handelt es sich um einen Zustand der Innenwendung, den jeder kennt und der mit Methoden der Hypnose systematisch hergestellt werden kann.

Dieser Zustand ermöglicht eine Sammlung der Aufmerksamkeit und eine erhöhte Offenheit für Veränderungen. Trance hat nichts mit Schlaf zu tun, wie man früher dachte, sondern ist mit mentaler Wachheit verbunden – wobei man allerdings ‚ganz woanders' sein kann. Dies bedingt die Möglichkeit der

*Distanzierung in Situationen, die stark be-
troffen und dadurch handlungsunfähig machen. Trance ist daher ein ideales Mittel zur
Optimierung der Tagesform.*

*Jede auch unter fremder Anleitung eingelei-
tete Trance ist nur mit der inneren Zustimmung des Betroffenen möglich und kann jederzeit beendet werden, wenn veränderte
Umstände es erfordern."*[16]

Es ist natürlich in Ordnung, wenn Sie zu Beginn mit dem
„richtigen" Sehen des Fingernagels und dem Tempo, mit dem
Sie den Finger bewegen, beschäftigt sind. Dies ist normal und
bedarf einiger Zeit, bis es „von selbst" geht.

Es gibt natürlich einen kleinen Trick, wie Sie von der Drei-
und Zwei-Punkte-Technik auf das FingerLesen umsteigen können. Probieren Sie in den nächsten Tagen das FingerLesen an
einer Tageszeitung aus. Der Vorteil ist hier, dass diese Texte in
schmalen Kolumnen gedruckt sind. Sie müssen also nicht
gleich eine lange Buchzeile erfassen. Zudem kommt es in dieser
Phase noch nicht darauf an, den Textinhalt exakt verstehen zu
müssen. Sie brauchen ohnehin nicht mit Ihrem Finger präzise
die Textmitte entlang zu wandern. Sie können dies auch gerne
mit leichten Slalombewegungen versuchen. Das macht letztlich
keinen Unterschied. Benutzen Sie einfach die Methode, die Ihnen am meisten zusagt.

WischLesen und SlalomLesen

Wenn Sie bei der ersten Begegnung mit einem Buch zunächst
nur eine grobe Vorstellung von dessen Grundstruktur gewinnen
möchten, dann ist die Wisch- bzw. Slalomtechnik für Sie eine

ideale Möglichkeit. Sie nehmen das Schriftstück in die Hand und wischen die einzelnen Seiten von vorne nach hinten durch – oder gerne auch von hinten nach vorne und das Buch verkehrt herum haltend; für das Gehirn macht das keinen Unterschied. Sie brauchen nur Ihren gleich bleibenden Wischrhythmus beizubehalten. Wie beim FingerLesen blicken Sie auch beim WischLesen und SlalomLesen auf Ihre Fingerspitzen. Der Text dahinter wird aufgrund des „weichen Blicks" verschwommen erscheinen.

Wahrscheinlich werden Sie dabei keinen einzigen Satz „wirklich" lesen. Aber das ist gar nicht notwendig. Ohne Ihr bewusstes und willentliches Zutun werden einzelne Informationen Sie „anspringen", die in Ihrem Gedächtnis erste Spuren hinterlassen. Diese Spuren können Sie später nutzen, um eine präzisere Vorstellung von Ihrem Text zu erhalten.

Sie können Ihre Wischbewegung auch variieren und in verschiedener Weise über die „Zeilenteppiche" gleiten. Experimentieren Sie damit, welche Bewegungen Ihren Fingern und Händen am besten gefallen. Das Interessante und, wie wir meinen, Entlastende an den verschiedenen Wischtechniken ist, dass Sie als Leser hier letztlich gar nichts zu tun brauchen. Sie müssen nicht bewusst lesen wollen; gleichwohl werden Ihre Augen die notwendige Arbeit für Sie – an Ihrer Aufmerksamkeit vorbei – verrichten. Im Grunde genommen können Sie daher gar nicht *nicht* lesen!

SeitenLesen

Diese Lesetechnik stellt in gewisser Weise den „Transrapid" unter den hier vorgestellten Lesetechniken dar. Sie „scannen" mit diesem Verfahren ganze Seiten, ja sogar Doppelseiten. Anstatt

Ihren wischenden Fingerspitzen mit dem Blick zu folgen, nehmen Sie dieses Mal die ganze Seite oder gar zwei Seiten in den Blick.

Beim SeitenLesen richten Sie Ihren Blick auf die vier Eckpunkte der Textfläche. Falls Ihnen diese Idee schwer fällt, dann stellen Sie sich vor, wie Sie die vier Ecken der Doppelseite durch Diagonalen verbinden. Sie können nunmehr Ihren eingestellten Blick genau in die Mitte der Buchseite, also auf den Falz, richten. Lassen Sie Ihre Augen einmal langsam den Knick in der Buchmitte entlangwandern. Manche Leser sehen hier an dieser Stelle eine leichte Wölbung zwischen den beiden Buchseiten.[17] Es scheint, als würde sich noch eine dritte Seite plötzlich über das Buch wölben. Wir nennen diese Seite die „Falzseite", weil diese imaginierte Seite unmittelbar über dem Falz des Buches entspringt. Experimentieren Sie mit dieser Sehtechnik, ohne krampfhaft den Trancefokus herstellen zu wollen. Vielleicht aber nutzen Sie diese Methodik einfach, weil sie sehr schnell ist, ohne dass Sie je die Falzseite sehen werden – Ihr visueller Kanal hat dann diese besondere „Kinofilm"-Fähigkeit gerade nicht. Aber das ist kein Beinbruch, sondern Ihr individueller Stil!

Sie können sich leicht an den weichen Blick beim SeitenLesen herantasten: Falls Sie ein Bildmotiv im 3-D-Format besitzen, legen Sie dieses auf den oberen Rand Ihres Buches. Sobald Sie das 3-D-Motiv erkennen und den Blick mühelos halten können, lassen Sie Ihre Augen abwärts in Richtung Buch wandern; schauen Sie dabei wiederum nur auf den Falz. Legen Sie, ohne dass Sie hinschauen, das Bild beiseite und beginnen Sie zu blättern.

Der wesentliche Punkt aus unserer Sicht ist hier nicht die „richtige" Sehtechnik, die Sie womöglich dann auch noch perfekt lernen müssten. Wichtig ist Ihre Erfahrung, dass Sie die gedruckte Information eines Buches in einem weichen, tranceartigen Fokus wahrnehmen können. Alles, was Sie auf diesem Weg unterstützt, ist methodisch sinnvoll. Probieren Sie aus, auf welchem Wege es Ihnen am leichtesten gelingt, in die Wachtrance zu gelangen. Paul Scheele[18] beispielsweise empfiehlt, sich eine Mandarine auf dem Kopf vorzustellen – und man ist mehr damit beschäftigt, was mit dem eigenen Kopf geschieht, als was auf dem Papier steht (und genau darum geht es). Manche können womöglich mit dieser Metaphorik weniger anfangen – vielleicht finden auch Sie eine ganz individuelle für sich?

Mit zunehmender Anwendung werden Sie diesen Trancefokus stabil halten können, bzw. Ihr Blick wird beim Betrachten gedruckter Information immer weicher werden. Versuchen Sie doch zunächst einmal ein Sachbuch mit Trancefokus zu lesen. Sobald Sie den weichen Blick erreicht haben, blättern Sie die Buchseiten in Ruhe und *in einem gleich bleibenden Rhythmus* um und arbeiten Sie mit FlächenLesen auf diese Weise das Buch in kürzester Zeit durch. Der Rhythmus ist wichtig, weil er Ihnen das Aufrechterhalten des aufnahmebereiten Zustands erleichtert.[19]

Das Erhalten des Trancefokus und das gleichmäßige Umblättern der Buchseiten ist ein komplexer Prozess, der am Anfang nur wenigen Lesern gelingen will. Ihr Gehirn muss sich tatsächlich an diese neue Leseweise gewöhnen. Weil nun SeitenLesen die schnellste Lesetechnik ist, braucht Ihr Gehirn vielleicht eine Idee länger als bei den anderen Techniken, um sich daran zu gewöhnen. Es geschieht eben noch einmal ein Quantensprung. Bei uns selbst hat es jeweils ein halbes Jahr gedauert, bis SeitenLesen uns ganz in Fleisch und Blut übergegangen war und unser Gehirn diese Leseweise akzeptiert hatte.

Es spielt keine Rolle, ob Sie manchmal mehrere Buchseiten auf einmal umblättern. Fahren Sie einfach fort, denn bei Ihrem nächsten Lesedurchgang werden Sie diese ausgelassenen Seiten ergänzen können (sofern Ihr Gehirn dies nicht schon von selbst inzwischen getan hat, indem es die fehlende Information erschlossen hat). Wichtiger ist es, dass Sie Ihren Blick stabil und Ihr Tempo beim Umblättern gleich bleibend halten.

Wenn Sie mit dem Trancefokus und dem Sehen der Falzseite einige Zeit experimentiert haben, gönnen Sie Ihren Augen Ruhe und Entspannung. Erlauben Sie Ihren Augen Erholung, bevor Sie weitermachen. Auch hier muss Ihr Gehirn erst umschalten. Weniger Sehstress bedeutet hier ein Mehr an Leseerfolg. Erst wenn Sie Ihren Weg des FlächenLesens gefunden haben, wird das Lesen selbst zur Erholung. Dann kann Sie nichts mehr aufhalten ...

Ein Wissenschaftler, der sich zeitlich in Schwierigkeiten gebracht hatte, musste noch etwa 10 000 Seiten zu einem spezifischen Thema lesen, um rechtzeitig einen Aufsatz abgeben zu können. So nahm er sich zwei Tage frei und setzte sich in die Universitätsbibliothek. Die Geräusche und Gerüche um ihn her nutzte er, um in einen förderlichen Trancezustand zu gelangen. Dann scannte er die 25 Bücher. Seine Methode war, am Ende des obersten Drittels der Bücher in den Knick zu blicken. Nach fünf Stunden hatte er alles Nötige gelesen und auch noch die notwendigen Notizen gemacht. Den Rest der beiden Tage nahm er sich frei.

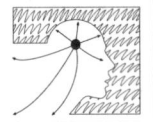

FlächenLesen-Formeln

> „4 - 3 - 2 - 1 Lass los, lass sein..."
> „1 - 2 - 3 - 4 Das gönn' ich mir!"
> „Das geht schon gut."

Oder: Individuelle Möglichkeiten

Idee:
1. Sich selbst hilfreiche Suggestionen geben
2. Den Leserhythmus halten und sich fokussieren
3. Verhindern, daß man auf den Text starrt

GEWAK-Projekte: *FlächenLesen*   © Emlein und Kasper 2000

Die FlächenLesen-Formeln

Von P. Scheele[20] haben wir eine Idee übernommen, die den aufnahmebereiten Zustand aufrechtzuerhalten hilft. Dies sind, wie wir sagen, die FlächenLesen-Formeln. Diese Formelsätze sagen Sie sich beim FlächenLesen in Gedanken vor.

Die Leseformeln sollen Sie gezielt „ablenken" – von äußeren Gegebenheiten und Vorkommnissen, von inneren Dialogen, die Sie beschäftigen. Da viele Menschen beim Lesen häufig in wenig hilfreiche Selbstgespräche verwickelt sind („Kann ich das wirklich?"), verlangsamen sie ihre eigene Lesegeschwindigkeit. Ferner taucht bei allen Schnell-Leseverfahren die Frage auf, wie man das Problem des Subvokalisierens – also des ständigen inneren Mitsprechens beim Lesen – umgeht. Wenn Sie selbst mit der FlächenLesen-Formel arbeiten, werden Sie merken, dass Sie einerseits kaum noch in Dialoge verwickelt sind und andererseits fast keine Gelegenheit mehr haben, einen Text innerlich mitzusprechen.

Es geht bei diesen Formeln nicht um ausgefeilte Inhalte, sondern darum, dass Sie mit solchen oder ähnlichen Sätzen sich selbst im aufnahmebereiten Zustand halten und beim FlächenLesen nicht anfangen nachzudenken. Vielleicht klingen unsere Vorschläge für Ihre Ohren albern. Entwickeln Sie dann einfach Ihre eigenen Sätze. Oder Sie finden für sich ein völlig anderes, genauso taugliches Ritual.

FlächenLesen und persönliche Meisterschaft

Beenden Sie Ihren Lesedurchgang mit einem Gefühl der persönlichen Meisterschaft.[21] Geben Sie sich selbst am Ende Ihres Leseprozesses konstruktive Suggestionen; mit diesen bedanken Sie sich bei Ihrem Gehirn:

> *„Ich bin offen und neugierig auf die Information, die ich aufgenommen und im Gehirn gespeichert habe."*

> *„Ich lasse mein Gehirn die aufgenommene Information verarbeiten und bin gespannt auf die Ergebnisse, die ich aktivieren werde."*

> *„Schön, dass ich so leicht solche Mengen Text geschafft habe."*

Solche bestätigenden Sätze werden Sie beim Lesen hilfreich unterstützen. Und Ihr Gehirn „bedankt" sich bei Ihnen, indem es ein wenig mehr vom „Glückshormon" ausschüttet.

Anwenden

Versuchen Sie bei Gelegenheit, spielerisch mit dem Trancefokus und den Techniken des FlächenLesens zu experimentieren:

- Gehen Sie in den aufnahmebereiten Zustand, den Sie durch ein inneres Bild, ein Symbol oder eine feste Formel auslösen.
- Benutzen Sie Ihre FlächenLesen-Formel, um Ihre Aufmerksamkeit zu fokussieren.
- Lesen Sie entspannt und zugleich zügig Ihre Texte.
- Beenden Sie Ihre Arbeit mit einem Gefühl der Meisterschaft.

DreiPunkteLesen eignet sich für alle Texte, sofern Sie beabsichtigen, gezielt einzelne Wörter zu erkennen. SprungLesen erlaubt Ihnen, einzelne Sätze – Leitsätze – zu lesen und doch große Mengen Text zu bewältigen. FingerLesen entspricht der Tatsache, dass Zeitungen und Zeitschriften in Kolumnen gedruckt sind; ist die Spaltenbreite zu groß, hilft Ihnen eher eine andere Leseweise weiter. WischLesen, SlalomLesen und SeitenLesen sind zügiger als alle anderen Verfahren und passen daher gut zum Lesen von ganzen Büchern. Diese Zusammenstellung ist kein Muss: Wenn Ihnen eine andere Kombination lieber ist oder Sie gar eine ganz eigene Technik entwickeln, ist das ganz in unserem Sinne.[22]

Fragen

Die verschiedenen Techniken des FlächenLesens bis hin zum Trancefokus werden von den meisten Menschen, denen wir bisher in unseren Leseseminaren begegnet sind, anfangs als große

Herausforderung empfunden. Und in der Tat, wie sollen wir Vertrauen in derart beschleunigte Lesetechniken entwickeln, da wir doch als Schüler gelernt haben, dass Lesen ein linearer Prozess sei, der mechanisch Wort für Wort zu pflegen sei. Den meisten also bereitet das Umschalten anfangs ein wenig Mühe.

Es ist immer wieder interessant zu erfahren, dass fast alle Anwender der Drei-Punkte-Technik die darin enthaltene Suggestion recht schnell erkennen: Wenn Sie eine Textzeile jeweils nur mit drei Punkten anfokussieren, dann können Sie bereits mit dieser Technik nicht mehr alles Wort für Wort lesen. Von dieser Technik ausgehend ist es letztlich nur noch *ein* Schritt darüber hinaus, sich weiter beschleunigte Lesegeschwindigkeiten vorzustellen.

Was geschieht, wenn ich den Blick nicht stabil halten kann oder die Augen nicht so wollen, wie ich mir das vorstelle? Unsere Erfahrung damit ist: Tun Sie nur das, was Ihnen gut gelingt und mit dem Sie neue, konstruktive Leseerfahrungen machen können. Spielen Sie mit Möglichkeiten. Knüpfen Sie an Ihre eigenen guten Erfahrungen an. Es kann sein, dass es plötzlich klappt und ohne dass Sie es gleich merken. Wir laden Sie ein, geduldig mit sich zu sein. Wenn Sie sich unter Leistungsdruck setzen, verengen Sie Ihren Fokus auf dieses vermeintliche Defizit – darüber freut sich Ihr Gehirn nicht. Ihre Aufnahmebereitschaft sinkt rapide. Wenn es nicht klappt, haben Sie sich „zu sehr" angestrengt. Entspannung könnte Ihnen in diesem Falle gut tun.

Sie können jede der vorgestellten Methoden des FlächenLesens erlernen, auch wenn Sie bislang den Eindruck haben, dass Sie sehtechnisch nicht kompetent genug seien. Lassen Sie sich von sich selbst überraschen. Die einzig entscheidende Hürde – falls es hier überhaupt eine solche geben sollte – besteht darin, neue Erfahrungen mit defokussierten Lesetechniken machen zu wollen. Erlauben Sie sich diese Erfahrungen und überprüfen Sie erst zu einem späteren Zeitpunkt, was Sie auf diesem Wege als Leser an neuer Information aufnehmen und verarbeiten können.

Flächen**Lesen**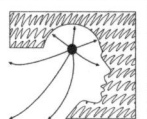

> ➢ Lass dich in deine *Lesetrance* fallen!
> ➢ Wähle deine *Lesetechnik*!
> - DreiPunkteLesen
> - SprungLesen
> - FingerLesen
> - WischLesen, SlalomLesen
> - SeitenLesen
> ➢ Verwende deine *Leseformel*!
> ➢ Bleibe im Rhythmus!
> ➢ Beende mit dem Gefühl der *Meisterschaft*!

GEWAK-*Projekte:* Flächen**Lesen**   © Emlein und Kasper 2000

81

Schritt 5: Gedankenlandkarten erstellen

Sie erfahren:

> ✓ Wie Sie gelesene Information wieder abrufen
>
> ✓ Wie Sie Aktivierungstechniken durch gezielte Frage-
> richtung nutzen
>
> ✓ Wie Sie schnell aufgenommene Informationen schrift-
> lich auf den Punkt bringen

Da Sie bis zu diesem Schritt schon mehrfach visuelle Informationen in Windeseile aufgenommen haben, stellt sich jetzt die
Frage, wie Sie diesen Informationsspeicher im Gehirn „anzap-
fen". Wie bringen Sie Ihr Lesematerial ins aktive Bewusstsein,
so dass Sie mit Ihrem Wissen auch operieren können?

Hier spielt die Frage des Zeitpunktes eine Rolle, zu dem Sie
Ihre Lesefrüchte aktivieren wollen. Manchmal kann es an dieser
Stelle sinnvoll sein, eine kreative Pause einzulegen und mit der
Aktivierung des Gelesenen eine Weile zu warten.[23] Gönnen Sie
Ihrem Gehirn eine Zeit lang Muße, so dass es sich selbst orga-
nisieren kann. Nachdem Sie Texte gelesen haben, hat Ihr Ge-
hirn die Informationen ja nur aufgenommen, noch nicht verar-
beitet und mit anderen Informationen in Beziehung gesetzt.

Unternehmen Sie einfach zwischendurch etwas anderes;
hören Sie vielleicht auch ein paar Takte entspannender Musik
oder erlauben Sie sich sonst eine wohl tuende Pause. Jonglieren
Sie ein wenig oder gehen Sie spazieren, das vermittelt Ihrem
Gehirn neue Körperimpulse, während „es denkt".

Schließlich starten Sie die Aktivierung durch gezielte Fragen an den Autor, mit denen Sie Ihre Leseabsicht wieder aufnehmen:

„Was ist für mich neu und interessant an diesem Lesestoff, wozu habe ich das Schriftstück gelesen?"

„Was von dem Gelesenen ist mir jetzt oder künftig nützlich und hilfreich?"

„Was davon brauche ich jetzt konkret?"

Wenn es um Zustimmung oder Abgrenzung gegenüber anderen Ideen geht, hilft die folgende Frage weiter:

„Wo stimme ich dem Autor zu – wo grenze ich mich ihm gegenüber ab?"

Diese und weitere konkrete Fragen fokussieren Ihre Aufmerksamkeit in die Richtung einer Antwort. Wenn Sie sich klar strukturierte Fragen vorgeben, lösen Sie damit innere Suchprozesse aus, die Ihnen entsprechende Lösungen anbieten.

Nachdem Sie Ihren Frage- und Aufmerksamkeitsfokus eingestellt haben, nehmen Sie Ihr Schriftstück noch einmal zur Hand und überfliegen den Text mit Hilfe der Lesemethode Ihrer Wahl. Es spielt keine Rolle, wie schnell Sie den Lesestoff in diesem Augenblick neu organisieren. Sie können mit dem Trancefokus Ihre Augen über die Buchmitte wandern lassen – oder aber Sie lassen Ihren Finger zügig über die Textpassagen gleiten. Die Stellen, die Ihnen intuitiv als relevant erscheinen, dürfen Sie getrost näher in den Blick nehmen. Halten Sie zwischendurch ruhig einmal inne, lesen Sie interessante Textabschnitte bewusst langsam und spüren Sie neue Informationen auf.

Eigentlich geht es in dieser Phase der Aktivierung um zwei sich ergänzende Prozesse:

Einmal betrachten Sie zunächst die Gesamtskizze Ihrer „Textlandschaft", um dann wie von einem inneren Reiseführer begleitet einzelne „Landschaftsformationen" und „Sehenswürdigkeiten" näher anzusehen. Auch hier gilt unser Vorschlag: Verlassen Sie sich bei diesem Schritt auf Ihre nichtbewussten Verstehensfähigkeiten und vertrauen Sie sich Ihrer intuitiven Neugier an. Bleiben Sie offen und hellhörig angesichts der feinen Rückmeldungen, die Sie beim überfliegenden Lesen erhalten.

An dieser Stelle mag noch einmal die Erkenntnis weiterhelfen, dass bei Sachtexten nur in 10–20 Prozent des Stoffes die *entscheidende* Information enthalten ist. Das heißt, wenigstens 80 Prozent Ihres Lesestoffes enthalten redundantes Material, das für Ihre Fragen nichts Entscheidendes beizutragen hat. Man könnte sich ebenso klarmachen, dass FlächenLeser nach neuen Informationen, Gedanken und Ideen suchen, die ihnen ihre Fragen beantworten helfen. Dazu sind diese Lesetechniken äußerst nützlich; sie helfen Ihnen, sich in konzentrierter Weise zu fokussieren und wichtige Informationen herauszufiltern. Bekanntes oder derzeit Unwichtiges brauchen Sie eben nicht ausführlich zu lesen. Wenn sich dann ein skeptischer und perfektionistischer Teil in Ihnen regen und zu Wort melden will („Du hast aber auf dieser und auf jener Seite noch ein winziges Detail übersehen; und so jemand wie du will ein richtiger Schnell-Leser sein …?"), haben Sie schon eine erleichternde und hilfreiche Antwort: „Weite Teile dieses Textes sind unwichtig. Und die wichtigen Teile habe ich verstanden."

Wiederabruftechniken

Wenn Sie jetzt wesentliche Gedanken aus einem Schriftstück aufspüren und eine mentale Skizze Ihrer „Textlandschaft" anfertigen wollen, dann gibt es hierzu verschiedene Möglichkeiten. Die eine Variante nutzt die herkömmliche Form der schriftlichen Fixierung, das heißt: Sie schreiben in linearer Reihenfolge, was Ihnen wichtig erscheint, auf ein Blatt Papier. Sie werden links oben zu schreiben beginnen und rechts unten enden, wie dies in unserer Schriftkultur üblich ist. Solches Exzerpieren kennen Sie vielleicht aus dem Studium oder Ihrer Ausbildung.

Diese Art mitzuschreiben geht ermüdend langsam vor sich, sie wird der Geschwindigkeit, mit der Sie zuvor die Information aufgenommen haben, in keiner Weise gerecht. Sie bremsen sich selbst. Was Sie hier wirklich brauchen können, ist eine komplexe Darstellungsform, die viele Ideen in kürzester Zeit auf begrenztem Raum möglichst visuell abbildet:

Die Gedankenlandkarte

Erstellen Sie an diesem Punkt eine Gedankenlandkarte bzw. eine Mindmap.[24] Mindmapping ist ein elegantes Verfahren, mit dem Sie Informationen kurz, knapp und präzise auf den Punkt bringen können. Vielleicht haben Sie ja schon mit Mindmaps gearbeitet. Wenn Sie die auf Seite 87 abgedruckte Gedankenlandkarte zum Mindmapping betrachten, können Sie schnell dessen wesentliche Regeln erkennen.

Im Folgenden erfahren Sie die zentralen Vorgänge in Worten:

1. Notieren Sie die zentrale Idee (oder den Buchtitel) in der Mitte eines querliegenden Blattes (DIN A4 oder besser A3)!

2. Verwenden Sie für Oberbegriffe große Buchstaben in Druckschrift und schreiben Sie diese über die Hauptäste, die unmittelbar vom Zentrum Ihres Blattes ausgehen!

3. Hängen Sie Unteräste an die Hauptäste und schreiben Sie Untergliederungen der Oberbegriffe sowie weitere Nebengedanken in großen und kleinen Druckschriftbuchstaben dazu!

4. Schreiben Sie auf jeden Hauptast möglichst nur *ein* Wort!

5. Verwenden Sie bildhafte Symbole, das heißt kleine Zeichnungen oder Ähnliches!

6. Arbeiten Sie mit unterschiedlichen Farben (zum Beispiel jeder Haupt- und Nebenast in einer anderen Farbe)!

Gedankenlandkarten entsprechen der Arbeitsweise des Gehirns, sie bilden Ideenwelten als Netzwerk mit Haupt- und Querverbindungen ab, die Farben und Symbole sind für das Gehirn eine Freude. Sie machen es also Ihrem Gehirn leicht – es wird Ihre Pflege mit guter Arbeit belohnen. Sie werden feststellen, dass Sie sich Inhalte besser merken können, nachdem Sie eine Gedankenlandkarte gezeichnet haben.

Anwenden

- Prüfen Sie Ihren derzeitigen Lesestoff daraufhin, ob und inwieweit Sie etwas schriftlich festhalten wollen. Überlegen Sie dann, welche der denkbaren Informationen Sie langfristig fixieren werden.

- Erstellen Sie zum Beispiel eine Gedankenlandkarte unter der Überschrift „Was ist am Mindmapping neu und wichtig?"

- Nachdem Sie ein Buch gelesen haben, versuchen Sie eine

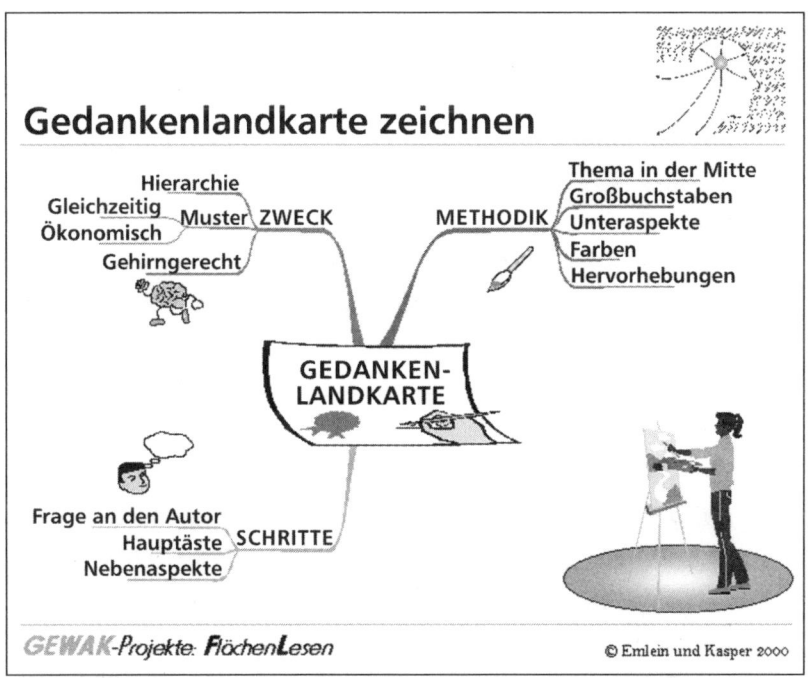

Gedankenlandkarte zeichnen

Hierarchie
Gleichzeitig Muster\ ZWECK   METHODIK
Ökonomisch
Gehirngerecht

Thema in der Mitte
Großbuchstaben
Unteraspekte
Farben
Hervorhebungen

GEDANKEN-
LANDKARTE

Frage an den Autor
Hauptäste \ SCHRITTE
Nebenaspekte

GEWAK-Projekte: FlächenLesen   © Emlein und Kasper 2000

„Inhaltsmap" anzufertigen. (Gehen Sie einfach an den Kapiteln des Buches entlang und übertragen Sie die Kapitelüberschriften auf die Hauptäste.)

- Gestalten Sie eine „Ideenmap" zu der Frage, was Sie in der nächsten Zeit unbedingt lesen möchten.

Ein Unternehmensberater, der in zunehmendem Maße Coachings und Moderationen durchführte, suchte nach einer schriftlichen Fixiermethode, um sich auf kurze und knappe Weise Besprechungsergebnisse und weiterführende Aufgaben zu notieren. Nachdem er mit Mindmaps experimentiert hatte, ging er schließlich dazu über, wichtige Notizen und Einfälle in Gesprächspausen nur noch mittels Mindmapping festzuhalten. –

Eine Kommunikationstrainerin präsentierte im Rahmen eines

Eine Kommunikationstrainerin präsentierte im Rahmen eines Workshops für Manager verschiedene Kommunikationsmodelle und deren möglichen Nutzen für die betriebliche Praxis. Obwohl sie stets gute Rückmeldungen auf ihre bisherigen Präsentationen bekommen hatte, war sie sich ziemlich unsicher, wenn es um einen freien Vortrag ging. Nachdem sie eine Reihe von Mindmaps erstellt und eine Software für Mindmapping ausprobiert hatte, machte sie sich fortan unauffällige „Spickzettel" in Form von Maps. Sie gewann zunehmend an Selbstsicherheit und konnte ihre Aufmerksamkeit auf weitere Aspekte ihrer Präsentation richten. –

Ein Seminarteilnehmer hatte – weil es ihn interessierte – ein Fachbuch über die Philosophie von Friedrich Nietzsche bearbeitet. Weil der Stoff sehr komprimiert und informationsreich war, scannte er das Buch fünf Mal, bevor er sorgfältig eine Gedankenlandkarte dazu entwarf. Neun Monate später wurde er von einem Freund nach Nietzsches Position in einer bestimmten Sache gefragt. Im selben Augenblick kam ihm die gesamte Mindmap in Erinnerung und er konnte sachgemäß Antwort geben. Er hatte die Gedankenlandkarte seit ihrer Anfertigung nicht mehr angesehen, und doch erlaubte die bildhafte Gestalt ihm die Erinnerungen.

Fragen

Im Zusammenhang mit Gedankenlandkarten bzw. Mindmaps tauchen gelegentlich praktische Fragen auf, die mit der Länge der Haupt- und Nebenäste, der Farbgebung und der schriftlichen Fixierform zu tun haben. Hier sollte jeder FlächenLeser seine ganz persönlichen Regeln entwickeln. Schließlich ist jede Gedankenlandkarte unter künstlerischen Aspekten gesehen ein

Unikat. Überhaupt haftet besonders aufwendig und liebevoll gestalteten Mindmaps etwas Ästhetisches und ganz Persönliches an. Immerhin handelt es sich dabei um Ihre persönlichen Gedanken und Ideen hinsichtlich eines Lesestoffes und um Ihre individuelle Verarbeitung desselben.

Wir selbst haben sehr gute Erfahrungen mit dieser Art der schriftlichen Aufzeichnung gemacht. Das Zusammenfassen umfangreicher Bücher erfolgt unseres Erachtens mit Mindmapping nicht nur auf eine zeitökonomische, sondern ebenso auf eine gehirngerechte Art und Weise. Wenn wir selbst bis vor ein paar Jahren für Bücher größere Exzerpte anfertigten (bei einem Buch von circa 200 Seiten ergab das im Schnitt 10 DIN-A4-Seiten), dann machten wir trotz aller Lese- und Schreibbemühungen immer wieder die Erfahrung, dass irgendeine Einzelinformation fehlte und damit manche Gedankengänge unvollständig und zum Teil unverständlich blieben. Seit wir mit Mindmaps arbeiten, ist dieses Problem gelöst. Wenn heute in einer Map zwischen zwei Hauptgedanken vielleicht Details fehlen, dann liefert das Gehirn bei dieser Form der visuellen Abbildung von selbst die fehlenden Informationen: Sie haben diese ja durch FlächenLesen eingescannt. Das zeigt, wie sehr Mindmaps und Gedankenlandkarten der kreativen Arbeitsweise unseres Gehirns Rechnung tragen.[25]

Schritt 5 + 1: DetailLesen

Sie erfahren:

✓ Wie Sie Ihr Leseergebnis weiter verfeinern

✓ Wie Sie herkömmliche und innovative Lesestrategien sinnvoll kombinieren

✓ Wie Sie noch fehlende Informationen ergänzen

Im Anschluss an die Vorstellung der zahlreichen Möglichkeiten des FlächenLesens taucht mitunter die Frage auf: „Was tue ich, wenn ich zu einigen Stichworten Details benötige?" Abgesehen von dem Umstand, dass Sie keinen Text zu 100 Prozent erschöpfend behandeln können, artikuliert diese Frage ein weit verbreitetes Bedürfnis: nämlich punktuell mehr oder auch spezifische Details aufzunehmen. Hier hilft zumeist die präzise Rückfrage: „*Wovon* möchte ich gerne noch mehr haben?"

Diese Frage zielt auf *selektive Vertiefung*. Sie suchen ja nur zu bestimmten Aspekten Einzelheiten, nicht zum ganzen Text. Auch wenn dieses DetailLesen alle vorhandenen Methoden des FlächenLesens nutzt, hat es doch viel mit unserem herkömmlichen Lesen gemein. Sie variieren bedarfsweise Ihr Lesetempo und erlauben Ihren Augen, dann und wann zu verweilen.

DetailLesen ist vergleichbar mit der Vorstellung, Sie wären auf einer Reise unterwegs: Da gibt es Passagen, die Sie möglichst schnell durchqueren möchten. Dann und wann finden Sie eine Gegend, in der Sie ein wenig verweilen wollen, oder Sie entdecken einen spannenden Umweg, oder Sie bleiben an einem Ort und machen einige Tagesausflüge und studieren dabei bestimmte Sehenswürdigkeiten. Dazwischen bringen Sie die größeren Strecken jeweils rasch hinter sich.

Sie lesen vermutlich langsam an jenen Textstellen, die für Sie noch neu und komplex hinsichtlich Ihres Sinngehaltes sind; oder wenn Sie ganz präzise Informationen zu einer wichtigen Frage suchen. Sie lesen wahrscheinlich eher schnell, wenn der Stoff gut aufbereitet und sprachlich klar ist. Sie können Textpassagen, die für Ihre Leseziele wenig beitragen, rasch überfliegen, ohne Entscheidendes zu verpassen. Unserer Erfahrung nach können Sie einen Text entweder nochmals in einem Zug bearbeiten oder aber auch an ausgewählten Textstellen – von denen Ihre Augen angezogen werden – länger verweilen.

Entscheiden Sie selbst, für welchen Zweck und wie Sie DetailLesen einsetzen. Eines leistet dieser Schritt 5 + 1 auf jeden Fall: Sie ergänzen Ihre Informationen und knüpfen Ihr Gedankennetz noch dichter und fester.

Anwenden

Experimentieren Sie einmal mit den folgenden Hinweisen:

- Fokussieren Sie ausgewählte Einzelfragen.
- Verwenden Sie je nach Bedarf nochmaliges FlächenLesen und / oder detailliertes Lesen.
- Ergänzen Sie Ihre Gedankenlandkarte oder erstellen Sie eine weitere Mindmap.

Ein Mitarbeiter einer Schulbehörde sollte im Rahmen einer Fortbildung für Schulleiter und Lehrer an Gymnasien neue Konzepte im Bereich der Organisationsentwicklung und deren Übertragbarkeit auf den Schulbereich vorstellen. Er hatte dazu mehrere Bücher flächengelesen und überlegte dann, welche Infor-

mationen daraus für das System „Schule" wichtig und für die Seminarteilnehmer neu und interessant waren. Nach Ausarbeitung einiger Mindmaps las er die Bücher nochmals mit dem Aufmerksamkeitsfokus „Organisationsentwicklung und Schule" durch und sammelte so die relevanten Detailinformationen. –

Eine Medizinstudentin, die kurz vor einem Examen stand, hatte trotz guter Begabung immer wieder mit Lernproblemen zu tun. Obwohl sie eine interessierte und aufgeschlossene Leserin war, klagte sie ständig über Ermüdungserscheinungen und schlechte Leseergebnisse. Nach einer Phase des FlächenLesens und der Arbeit an ihrer Leseeinstellung insgesamt konnte sie vor ihren Prüfungen den vorzubereitenden Wissensstoff gezielt mit DetailLesen bearbeiten.

Fragen

Seminarteilnehmer erzählen bisweilen, was sie in den vorausgegangenen Leseschritten schon alles aus ihrem Text gewonnen haben. Viele FlächenLeser sind angetan davon, dass sie schon in kürzester Zeit genaue Information schöpfen können. Und sie haben die beruhigende Gewissheit, dass sie jederzeit tiefer in einen Text eintauchen und relevante Stellen aufspüren können. Aber oft ist dies gar nicht mehr notwendig.

Des Weiteren erlaubt dieser letzte Leseschritt, eine genaue Entscheidung zu treffen, ob sich ein weiteres Lesen jetzt oder zu einem späteren Zeitpunkt wirklich lohnt. Im derzeitigen Informationszeitalter könnte die Entscheidung, kostbare Zeit einmal nicht mit einem nutzlosen Text zuzubringen, zu einer Frage der persönlichen Lebensqualität werden.

DetailLesen (optional)

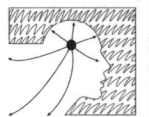

> ➢ Ausgewählte Einzelfragen fokussieren
> ➢ Je nach Bedarf nochmaliges FlächenLesen und/oder detailliertes Lesen
> ➢ Gedankenlandkarte ergänzen oder eine spezifische erstellen

---

GEWAK-Projekte: FlächenLesen

Text, Leseabsicht und Lesetechnik

In Seminaren werden wir von Teilnehmern regelmäßig gefragt, wie man denn nun die 5 + 1 Schritte künftig anwenden soll und ob und wie viele Einzelschritte im Detail abzuarbeiten seien. Hinter dieser Frage scheint uns das Bemühen erkennbar, eine optimale Balance zwischen der „Präzision" der Informationsaufnahme und der „Intuition" des spielerischen Erkennens grundlegender Ideenmuster herzustellen.

Selbstverständlich werden Sie an Ihrem Arbeitsplatz einen Vertragstext mit anderen Augen (nämlich mit „Argusaugen") lesen als einen vergleichsweise einfachen Artikel aus dem Lokalteil Ihrer Tageszeitung. Sie werden manche E-Mails auf Ihrem PC blitzschnell zur Kenntnis nehmen, viel schneller als einen wichtigen Geschäfts- oder Behördenbrief, auf den Sie sachdienlich zu reagieren haben. Ferner werden Sie manche hausinterne Mitteilung zielgerecht würdigen und sich entsprechend *mehr* Zeit nehmen für einen Aufsatz aus einer Fachpublikation, dem Sie möglicherweise eine zündende Idee für eine Besprechung bzw. Präsentation entnehmen wollen.

Anfänglich werden Sie subjektiv zu Recht den Eindruck haben, nunmehr eine Fülle unterschiedlicher Lesetechniken zur Verfügung zu haben und dabei (noch) nicht genau zu wissen, welche Möglichkeit Sie jeweils auf Ihrer Klaviatur abrufen und einsetzen möchten. Was auch immer Sie an Lesestoff vor sich liegen haben, welchen Nutzen Sie sich davon versprechen und wie viel Lesezeit Sie investieren wollen – Ihre künftige Lesepraxis wird mit einem effizienten Zeitmanagement einhergehen.

Damit Sie in Zukunft sehr gute Leseresultate erzielen, brauchen Sie nicht zu jedem Zeitpunkt das *ganze* Repertoire. Sie werden sich anfangs – so ist es uns beiden jedenfalls zunächst ergangen – vielleicht vornehmen, bei jeder Art von Text möglichst viele der Leseschritte möglichst umfassend abzuarbeiten, um ein nahezu perfektes Leseergebnis zu erzielen. Sie können dies selbstverständlich gerne tun, doch möchten wir Sie an dieser Stelle auch gerne etwas beruhigen. In ähnlicher Weise benötigen wir schließlich in manchen Lebenssituationen auch nicht alle verfügbaren Ressourcen, um etwas zu bewältigen, sondern im Regelfall nur einen Teil. Weniger ist hier manchmal mehr!

Bei unseren Leseseminaren liegt zwischen dem ersten und dem zweiten Seminarteil in der Regel eine Pause von vier bis sechs Wochen. Für diese Zwischenzeit bieten wir den Teilnehmern ein „mehrgängiges Lesemenü" an, aus dem sich jeder nach seiner persönlichen Vorliebe ein eigenes Menü an unterschiedlichen Lesemöglichkeiten zusammenstellt. Das bedeutet: Wer künftig seine Leseabsicht gegenüber dem Lesestoff (und damit dem Autor) klären und festlegen möchte, wird insbesondere den zweiten Schritt des FlächenLesens, *Leseabsichten festlegen*, teilweise ergänzt um den dritten Schritt, *Übersicht gewinnen*, bearbeiten – und alle anderen Schritte bleiben lassen.

Wer für seine berufliche Lesearbeit mit den neu erworbenen Techniken des FlächenLesens experimentieren möchte, arbeitet wahrscheinlich mit der Drei- und Zwei-Punkte-Technik. Das FingerLesen – mit und ohne Zeigegegenstand – lässt sich, wie bereits erwähnt, hervorragend an Textspalten bzw. Kolumnen einer Zeitung oder Zeitschrift einüben.

Wenn Sie künftig mit einem neuen Buch oder auch einem Stapel Papier sowie Ablagen einen ersten sichtenden Kontakt aufnehmen möchten, dann wischen Sie einfach über Ihren Lesestoff. Sie werden dabei ohne zusätzliche Anstrengung einen intuitiven Eindruck und damit eine deutliche Vorahnung für das bekommen, was Sie erwartet.

Sie können ferner SprungLesen, WischLesen, SlalomLesen und SeitenLesen kombinieren oder diese mit DetailLesen verknüpfen.

Schließlich könnte es interessant und anregend sein, die eine oder andere Mindmap zu erstellen – ganz gleich, ob Sie damit einen Lesestoff zusammenfassen wollen oder sich eine kleine Gedankenlandkarte für eine Besprechung, Moderation oder Präsentation erarbeiten. Auch bei diesem fünften Leseschritt gibt es unserer bisherigen Erfahrung nach zahlreiche offene Möglichkeiten der Anwendung.

Wenn Sie dagegen in der nächsten Zeit das eine oder andere Buch *sorgfältig* durcharbeiten werden, dann nehmen Sie sich ruhig Zeit für die „5 + 1 Schritte des FlächenLesens" und lesen Sie Ihren Text mit einem bestimmten Aufmerksamkeitsfokus. Dies ist immer wieder die beste Möglichkeit, wie Sie sich selbst ein überaus präzises Feedback geben können über Ihre bis dahin erfolgte Informationsaufnahme.

Das wechselseitige Zusammenwirken von Leseabsicht, Lesetechnik und Text wird sich mit zunehmender Dauer und künftigen Leseerfahrungen selbst organisieren. Es gibt jedenfalls kein pauschales Richtig oder Falsch in der Frage, wie Sie künftig mit Ihrem neuen Lesehandwerkzeug umzugehen haben. Falls dem so wäre, dann würden wir als Autoren und Lesetrainer Ihren individuellen Arbeits- und Lesestil wenig respektieren, statt Ihren persönlichen Kompetenzen Rechnung zu tragen.

Wir möchten an dieser Stelle Ihnen gegenüber noch eine zugegebenermaßen direktive Bitte äußern: Geben Sie sich in der nächsten Zeit nicht (oder doch nur selten) der Idee hin, dass Sie die vorgestellten Lesetechniken „*üben*" sollten. Wenn Sie das versuchen wollten, erhöhten Sie die Wahrscheinlichkeit, dass Sie sich selbst zusätzliche „Hausaufgaben" aufgeben, und wir vermuten, dass Ihnen dann alsbald die Freude am FlächenLesen vergehen könnte. Ihr Gehirn muss ja auch nicht üben. Wenden Sie Ihre neuen Fertigkeiten einfach an, wie Sie ja auch sonst die Möglichkeiten Ihres Gehirns anwenden.

Probieren Sie das neu Erlernte aus und wenden Sie Ihre Lesetechniken von Zeit zu Zeit gezielt auf Ihren Lesestoff an! Das heißt: Arbeiten Sie mit Ihrem neuen Handwerkszeug und ach-

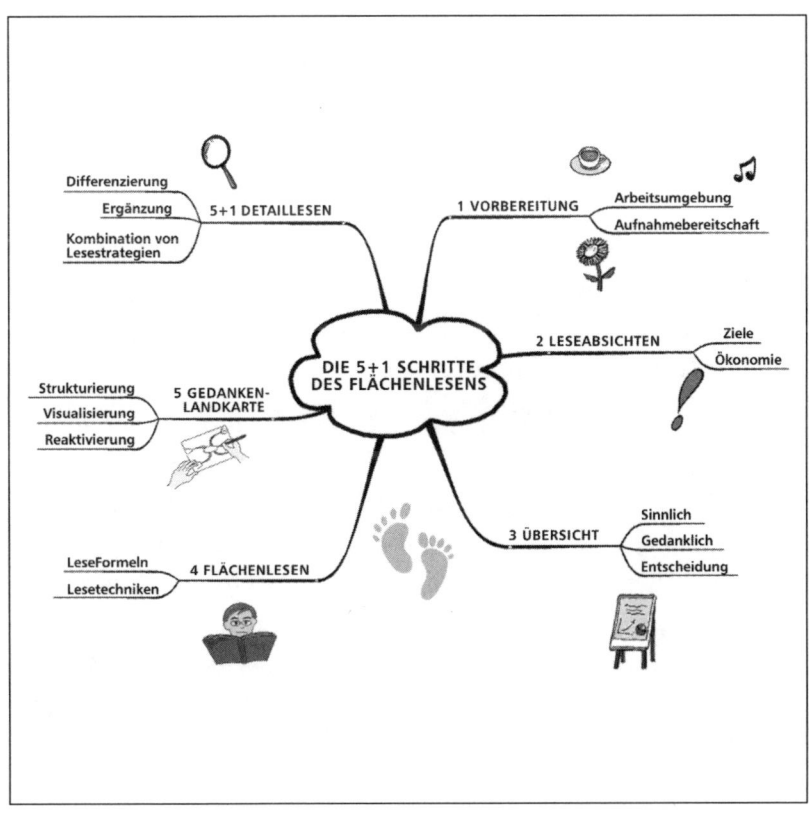

ten Sie darauf, wie es Ihnen damit bei der täglich anfallenden Lesearbeit ergeht. Sie werden, ohne etwas dazutun zu müssen, zunehmend konstruktive Leseerfahrungen machen.

Seitengedanken: Vorläufer des FlächenLesens

Das Konzept des FlächenLesens ist hervorgegangen aus Erfahrungen mit anderen Schnell-Lesetechniken. Solche Techniken gibt es seit mehreren Jahrzehnten und in verschiedenen Kulturen.

Eines der ersten Bücher zum Thema[26] stammt aus dem Jahre 1940. Mortimer Adler und Charles van Doren schrieben „How to Read a Book". Entsprechend der amerikanischen Lebensphilosophie stellt dieses Buch sehr konkret dar, wie man es „richtig" macht – und dies je nach Textsorte. Danach liest man philosophische Bücher anders als naturwissenschaftliche. Die „höchste" Stufe des Lesens nennen sie „syntopisches" Lesen, das gleichzeitige Bearbeiten mehrerer Schriftstücke. Diese Idee finden wir zukunftsweisend, und wir haben sie deshalb in abgewandelter Form in unser eigenes Konzept aufgenommen.

Seit dieser Zeit bieten fast alle amerikanischen Hochschulen Schnell-Leseseminare für Studentinnen und Studenten an. Schnell-Lesen ist „demokratisiert" worden: Jeder kann es und jeder kann es lernen. Es gehört keine besondere Begabung dazu. Den Universitäten ist daran gelegen, dass ihre Studierenden effektiv und zielstrebig Information verarbeiten. Pro Semester verpflichten die Schulen zu einem Lesepensum von mehreren tausend Seiten, aber sie bieten eben auch das Know-how dafür. Im amerikanischen Bereich sind seither eine ganze Reihe weiterer Lesesysteme entwickelt worden, jedes unter einem eigenen Na-

men. „Speed Reading", „Dynamic Reading" und wie sie sonst
noch heißen. Sie alle stellen Trainings mit bestimmten Übungen
vor.

Auch im deutschen Sprachraum gibt es seit fast drei Jahrzehnten
Literatur und Trainings zum effektiven Lesen. Ein Klassiker
dazu ist das Buch von Ernst Ott. Die verschiedenen Titel zu diesem Thema halten sich häufig an die ursprüngliche amerikanische Tradition, genaue Techniken für das schnelle Lesen zu entwickeln. Viele Übungen werden vorgeschlagen, die dazu dienen,
die Blickspanne zu erweitern, Stichworte statt Sätze zu lesen,
Kernideen aufzugreifen. Mindmaps spielen bisweilen eine Rolle.
Eines der jüngeren Bücher dazu stammt aus der Feder von Walter und Rotraut Michelmann.

Eine neue Vision entstand mit dem „PhotoReading™". Der
Amerikaner Paul Scheele hat ein eigenes Lesesystem entwickelt,
das zum ersten Mal mit dem Zustand der Aufnahmebereit-
schaft (Alphazustand) arbeitet und damit einen völlig neuen
Ansatz darstellt. Scheele fokussiert auf die Haltung beim Lesen:
Wie kann ich eine aufnahmebereite Haltung gewinnen und für
das Lesen nutzen? Bei ihm geht es weniger um Übungen und
Techniken, sondern um eine Veränderung der Art der Informationsaufnahme: Nicht mehr Wörter und Sätze werden gelesen,
sondern ganze Seiten mental „fotografiert". Einen Teil seiner
Ideen entnahm Scheele der „Suggestopädie", einer ganzheitlichen
Lernmethodik. Ihre Absicht ist es, Lernen gehirngerecht zu ge-
stalten und auf diese Weise ungenutzte mentale Fähigkeiten in
Anspruch zu nehmen. Ihr Hauptgesichtspunkt sind Visionen –
gute Vorstellungen davon, wie das Leben aussieht, wenn wir
unsere Fähigkeiten vermehrt nutzen. In Deutschland hat Klaus
Marwitz das PhotoReading™ bekannt gemacht und einige
Jahre angeboten.

Aus dem PhotoReading™ ist das „Alphalesen" hervorgegangen. Klaus Marwitz fand, dass trotz des neuen Konzepts noch zu viel „Technik" zu üben sei. Er verstärkte deutlich den Fokus auf Haltungen und benutzt dazu Ideen unter anderem des Neurolinguistischen Programmierens. Alphalesen hat sich zu einem Konzept entwickelt, das stark mit Visionen arbeitet und ganze Lebenshaltungen beeinflussen möchte.

Am 27. Mai 1987 erschien im STERN ein kleiner Artikel über Schnell-Lesen in Korea und Japan. Auch in anderen Kulturen mit völlig anderen Schriftsystemen scheint Schnell-Lesen möglich zu sein. Es gibt sogar eine „Japanische Gesellschaft für schnelles Lesen". Die Methodik ist das fotografische Lesen; die Lesenden arbeiten mit „Meditation", wie der Artikel schreibt – und das ist vergleichbar mit dem aufnahmebereiten Alphazustand. Das Japanische hat einen Vorteil: Es ist eine Bilderschrift, keine Buchstabenschrift, und Bilder kann ein Mensch grundsätzlich schneller aufnehmen als Buchstaben.

FlächenLesen haben wir selbst im Anschluss an das Alphalesen entwickelt. Unsere Erfahrung war, dass die Arbeit an persönlichen Visionen und Haltungen auf das Lesen fokussiert werden sollte: Weniger ist hier mehr. Auch fanden wir bei vielen unserer Vorläufer gute Ideen – aber keine Idee schien uns die allein selig machende zu sein. Schnell-Lesen sollte also verschiedene Verfahren gleichberechtigt nebeneinander stellen, und die Verfahren sollten sich nicht zu ähnlich sein. Daraus haben wir das System „FlächenLesen" entwickelt. So halten wir unser System flexibel bezüglich der Anwender und bezüglich der Texte – und Sie haben vor allem wenig Möglichkeit zu scheitern. Auch sollten die Übungen gezielt auf spezifische Schwierigkeiten beim Erlernen des Schnell-Lesens Bezug nehmen und dazu eine Unterstützung anbieten.

100

So nutzen wir die Metapher der „Zauberwiese", eine Idee des Mainzer Hypnotherapeuten Götz Renartz, erweitert mit Elementen des systemischen Denkens. Das Konzept des FlächenLesens bietet gerade jenen Menschen eine Möglichkeit, das Schnell-Lesen zu lernen, die mit bisherigen Modellen Schwierigkeiten hatten – und es schon aufgegeben haben. Das Lerndesign ist abgestimmt auf Stärken der Lernenden, geht aber auch respektvoll und kreativ mit jenen Aspekten um, die wir auf den ersten Blick als Hindernisse einstufen möchten. FlächenLesen ist erfolgreich dadurch, dass es Wege zeigt, wie man Schwächen zu Stärken machen kann.

Wie Sie beim Lesen dieses Buches merken, haben wir die guten und hilfreichen Ideen anderer aufgenommen und weiterentwickelt und durch eigene, neue Ideen ergänzt und erweitert. Doch wer von uns weiß schon, wie die Leseszene im 21. Jahrhundert aussehen wird ...

„Auf der Zauberwiese" – Selbstcoaching beim FlächenLesen

Reisen in die Fantasie und Imagination

Fantasiereisen haben als wesentliche Absicht die Entspannung. Die Aufnahmebereitschaft Ihres Gehirns vergrößert sich, wenn Sie entspannt und angstfrei (frei von „Enge") sind. Es ist also sehr sinnvoll, wenn Sie sich jeden Tag eine größere Pause gönnen, ein wenig tagträumen, sich auf sich selbst besinnen, gute Erinnerungen nutzen. Vielleicht ist ihnen Autogenes Training bekannt: Dies ist eine der Möglichkeiten.

Fantasiereisen helfen Ihnen dabei, wieder ins Gleichgewicht zu kommen und Kraft zu schöpfen. Wir haben alle genug Stress im Leben, werden herausgerissen aus unserem Arbeitsrhythmus, müssen unvermittelt umplanen oder eine Krise bereinigen. Und darüber vergessen wir uns selbst – und kommen aus der Anspannung oftmals nicht mehr heraus.

Sie entscheiden selbst, wie viel Zeit Sie dafür aufwenden. Eine vollständige Reise dauert bisweilen bis zu 30 Minuten, aber wenn es „schnell gehen" soll, haben Sie auch von fünf Minuten einen Gewinn. Nur: Solange Sie angespannt bleiben, geht schon rein gehirnphysiologisch das FlächenLesen nicht (und andere Arbeit viel schwerer).

Ein Akademiker hatte im Laufe der Zeit vier Hörstürze bekommen. Er wusste, er würde noch weitere bekommen, wenn es ihm nicht gelänge, die Anspannung abzubauen, die den Hörstürzen vorausging und die sich als Pfeifen im Ohr

zeigte. So lehrte er sich selbst, sich binnen Sekunden zu ent-
spannen und für Augenblicke ganz nach innen zu kehren. Er
glaubt, dass er seither mehrere Male schon das Syndrom an-
gehalten habe.

Die Trance, in die Sie während der Fantasiereise geraten, ist
(fast) dieselbe, die Sie auch beim Scannen nutzen. Sie ist nur
intensiver, und Sie haben vielleicht die Augen geschlossen. So
kann Ihnen die Fantasiereise auch dabei helfen, schnell in jenen Zustand zu gelangen, der Sie entspannt und aufnahmebereit sein lässt.

Sie können Ihre Fantasiereisen außerdem nutzen, wenn Sie
eine Frage an sich selbst haben. Denn auf der Zauberwiese finden Sie „Gestalten", die Sie als Ihre Coaches unterstützen. Die
Frage muss sich nicht auf Lesen beschränken. Es eignen sich
alle Fragen, die mit Ihrer Haltung zu tun haben oder mit Entscheidungen, die Sie zu treffen haben. Wir benutzen diese
Technik an dieser Stelle natürlich für das Lesen und zur Verbes-
serung von Lesehaltung und Lesefähigkeiten.

Fantasiereisen sind also ein wirkungsvolles Instrument für
die eigene Lebensgestaltung. Setzen Sie es mit Bedacht ein.
Wenn Sie sie zur Entspannung benutzen, werden Sie bald merken, wie angenehm und erholsam diese Reisen sind. Wollen Sie
sich Fragen beantworten, werden Sie über die Sicherheit staunen, mit der Sie Antworten finden. In kleinen Schritten werden
Sie diese Methode nutzen können, um am einen oder anderen
Aspekt Ihres Lesens (und Lebens) etwas zu verändern oder zu
verbessern. Führen Sie genau Buch darüber, wie viele und welche Veränderungen für Sie hilfreich sind. Ihr Gehirn muss Veränderungen nämlich integrieren und verschalten, und es selbst
muss zu einem neuen Selbstverständnis finden („Das bin ich").
Erst wenn die Veränderung integriert worden ist (= nicht mehr

als Veränderung, sondern als dazugehörig erlebt wird), ist Ruhe und Raum da für weitere Schritte.

Selbstcoaching beim FlächenLesen

Das menschliche Bewusstsein kann man sich wie eine Art Zwiebel vorstellen. Wir haben eine Außenseite, unsere öffentliche, von der wir vieles mitteilen: was wir vorhaben, was wir tun, was wir denken, manchmal auch, was wir fühlen und empfinden. Wir haben weiterhin noch eine Innenseite, die wir seltener sichtbar machen: unser Selbstgefühl, unsere Hoffnungen, unsere Liebe zu uns selbst, unsere Selbstzweifel. Diese Innenseite färbt unsere Haltungen mehr, als wir gemeinhin annehmen. Auf der Innenseite liegen auch unsere größten Kräfte, liegt unsere Energiequelle. Wenn wir also einen Weg zu unseren inneren Kräften finden, so können wir diese nutzen. Und wenn wir über unsere geheimsten Gefühle unsere Haltung ändern, um leichter und positiver arbeiten zu können, dann erschließen wir uns Möglichkeiten, von denen wir bislang vielleicht nicht einmal geträumt haben.

Wenn Sie ihre Kräfte mobilisieren und sich zugleich entspannen möchten, wenn der Zweifel sich meldet und Sie vor einer Klippe stehen: In Ihrem Inneren liegt alles bereit, was Sie brauchen. Die Entspannung „ölt" darüber hinaus Ihr Gehirn mit Endovalium[27], das Ihnen Angstfreiheit beschert, so dass es anschließend sogar besser arbeitet als zuvor.

Wir setzen in unseren Seminaren eine Fantasiereise, eine Trance ein, die Ihnen alles Nötige bietet. Sie erlaubt Ihnen, sich einfach zu entspannen. Sie können zusätzlich die Möglichkeiten von Selbstmanagement nutzen, die darin liegen. Fantasiereisen leben von Bildern und Situationen, die heilsam wirken. Wie in Märchen und Fabeln, so finden Sie auch hier Pflanzen und Tiere, die sprechen können. Diese Gestalten symbolisieren Seiten Ihrer Persönlichkeit, jene Teile in Ihnen, die Ihnen weniger bewusst sind; so hat es der Schweizer Psychotherapeut C. G. Jung beschrieben. Die hier dokumentierte Fantasiereise hat der Mainzer Arzt und Hypnotherapeut Götz Renartz[28] entwickelt, und wir haben sie für unsere Zwecke weiterformuliert.

Falls Ihnen eine solche Reise zunächst ein wenig seltsam erscheint, suchen Sie sich das Ihnen gemäße Medium. Jeder Mensch hat seine eigene Weise, wie er mit bedeutenden Fragen umgeht und Lösungen findet.

Im Folgenden ist der Trancetext abgedruckt. Wenn er Ihnen behagt, sprechen Sie ihn auf Kassette und unterlegen ihn mit ruhiger Musik. Sie können die Fantasiereise dann jederzeit hören. Oder gehen Sie einfach „in Gedanken" den beschriebenen Weg.[29]

Sie können den Verlauf der Reise gerne verändern. Er muss für Sie gut sein, alles andere ist zweitrangig. Wir haben Bilder gewählt, die für die meisten Menschen einladend und zugleich entspannend sind. Falls Sie andere Bilder bevorzugen, ändern Sie den Text einfach für sich. Wichtig ist nur, dass die Bilder Ihnen wohl tun und keine Anforderungen stellen. Wenn Sie also lieber in die Tiefsee tauchen möchten oder zu einer Bergwiese gehen wollen, ist das völlig in Ordnung.

Ihre Frage, auf die Sie eine Antwort suchen, legen Sie sich vorher zurecht. Nehmen Sie für jede Reise nur eine einzige Frage, und auch nur dann, wenn Sie entschieden nach einer Antwort suchen. Mit einer Haltung wie „Ich höre mir zuerst die Antwort an und entscheide danach" verwirren Sie Ihr Gehirn;

das ist eine Doppelbotschaft, und Sie werden vermutlich eine unklare Antwort erhalten (oder gar keine). Sind Sie noch unentschieden, dann respektieren Sie dies. Vielleicht haben Sie gute Gründe oder die Zeit ist noch nicht reif. Sie werden es spüren, wenn eine Antwort sein darf.

Fantasiereise: Von „weis(s)en Hasen" und anderen Bewohnern der Zauberwiese

*Suche dir eine bequeme Haltung auf deinem Stuhl. Du spürst die Lehne in deinem Rücken, die Füße, wie sie auf dem Boden stehen. Noch **einmal** blickst du dich um, siehst um dich, siehst, wo du bist, was du hier willst. Und während du dich umsiehst und siehst und weißt, was du hier willst, spürst du, dass alles in Ordnung ist, dass du alles lassen kannst. Und du kannst die Augen schließen, denn es ist alles in Ordnung. Und während alles seine Ordnung hat und du alles lassen kannst, hörst du auf einmal die Musik wie mit **anderen** Ohren. Ja, das tut gut, tut gut.*

*Und bevor du gehst, genießt du den Augenblick, die Ruhe, die **auf einmal** da ist, und du fühlst dich wohl, und deine Augen sehen, obwohl sie geschlossen sind. Und dann, während du auf dem Stuhl sitzt und dich erholst, kannst du sehen, kannst du dir selber zusehen, wie du aufstehst. Und du verabschiedest dich von dir. Und du öffnest die Tür, du drehst dich noch einmal um und winkst dir zum Abschied. Und **auf einmal** ist die Tür zu und du bist draußen. Und du spürst die Ruhe, die mit dir geht, und du spürst, dass alles in Ordnung ist.*

Du gehst aus dem Haus, und du gehst einfach weiter, und es ist alles in Ordnung. Du gehst weiter und weiter hinaus, weg zu dir selbst. Und du genießt, dass du allein bist, und du genießt die Stille in der Musik, und du hörst nur noch diese Worte und die Musik.

*Und du gehst weiter und genießt die Ruhe und das Gehen, bis du zu einem Wald kommst. Und du gehst in den Wald hinein. Du spürst die Sonne auf deiner Haut, wie sie durch die Bäume scheint. Die Sonne spielt in den Blättern der Bäume und streichelt deine Haut. Du atmest tief ein und aus und genießt die Ruhe. Und während du gehst, fühlst du dich **auf einmal** noch ein wenig wohler, noch ein wenig freier, noch ein wenig ruhiger. Und du hörst die Vögel, sie begrüßen dich, ja, der ganze Wald begrüßt dich und du fühlst dich **noch** ein wenig wohler.*

*Und während du wanderst, gehst du deinen Gedanken nach, und du spürst deine Füße auf dem Waldboden. Und **auf einmal** wirst du einer Lichtung gewahr, dort, wo es im Wald etwas heller ist, etwas freundlicher, etwas wärmer. Und es zieht dich dort hin, zu dieser geheimnisvollen Lichtung. Und während du deinen Schritt zu dieser Lichtung wendest, spürst du, wie etwas dich erwartet. Und dann stehst du am Rande der Lichtung und siehst eine weite, wohlriechende Wiese vor dir, eine besondere Wiese, deine Wiese. Und du gehst hinein, in deine Wiese, diese besondere. Denn dort wartet etwas auf dich, dort wartet etwas **ganz allein auf dich.***

Und während du gehst, spürst du das Gras unter deinen Füßen. Und während du gehst, hört du deine Musik. Die Gräser vor dir wiegen sich im Wind. Spürst du den zarten Hauch, der die Gräser und Blumen und deine Haut streichelt und liebkost? Und du gehst vorbei an Gänseblümchen und Margeriten und Kornblumen. Du siehst, wie rund und ganz sie sind, vollkom-

men in ihrer Art. Und du riechst, dass die ganze Wiese, die Gräser und die Gänseblümchen und die Margeriten und die Kornblumen wunderbar duften und ganz sind. Du siehst überall die kleinen Tautropfen, wie sie im spielenden Sonnenlicht glänzen, für dich, auf deiner besonderen Wiese. Und die Tautropfen grüßen dich, als wären sie ein Teil von dir, und du spürst das Geheimnis deiner Wiese.

Und während du weitergehst, vorbei an Tautropfen und Gräsern und Gänseblümchen und Margeriten und Kornblumen, die dich willkommen heißen auf deiner Wiese, wartest du auf das, was auf dich wartet, was dir gut tut. Und du weißt, alles ist hier in Ordnung, alles ist *für dich*. Und du wirst noch ein wenig ruhiger, und es kommt dir vor, als ob alles ein wenig heller würde und du besser hörst als zuvor. Geheimnisvolle Klänge gelangen an dein Ohr, während du weitergehst. Und du bist dem Geheimnis auf der Spur.

Und **auf einmal** siehst du eine Anhöhe neben dir, eine kleine Anhöhe, links von dir, kaum merklich, und doch hast du sie gesehen, weil du besser siehst als zuvor. Du wendest dorthin deinen Schritt, vorbei an Tautropfen, Gräsern, wie sie sich im Winde wiegen, vorbei an Margeriten und Kornblumen und Gänseblümchen, wie sie dich in ihrer Vollkommenheit grüßen und ein Geheimnis haben, und du weißt, worum es geht und was wichtig ist. Du setzt dich auf die Anhöhe und schaust über die Wiese, deine Wiese mit deinem Geheimnis und den diamantenen Tautropfen und den vollkommenen Blüten dort. Und du schließt die Augen und du weißt, du kannst nichts versäumen, weil alles auf dich wartet, bis du bereit bist. Du spürst die Sonne auf deiner Haut und wie der Wind dein Gesicht streichelt. Du hörst den Wind in den Gräsern und erinnerst dich an den Weg durch deine Wiese: die Tautropfen, die wie Diamanten *strahlen, die Rundheit der Blumen, und du weißt, das alles ist für dich. Und als du das erinnerst, wirst du noch ein wenig ruhiger und um dich wird es noch ein wenig heller und vollkommener.*

*Und auf einmal weißt du, dass du eine Antwort bekommst. Du erinnerst dich wieder an deine Frage, für die du eine Antwort möchtest. Und du merkst, dass nichts verloren gegangen ist, nichts verschwunden, nichts vergessen. Und du spürst, dass du dich auf dein Inneres verlassen kannst, weil alles seinen Platz hat und du alles erinnerst, was du brauchst. Und dein inneres Auge sieht mehr als dein äußeres, und du weißt das und bist dankbar. Dein inneres Auge kann mehr lesen als dein äußeres und es nimmt Dinge wahr, die dein äußeres nicht sieht, und es nimmt die Zusammenhänge wahr und sieht das Ganze und die Geheimnisse. Du musst gar nicht mehr jedes Gras eigens sehen und jede Pflanze und du weißt doch, dass du alles siehst und das Geheimnis gelesen hast. Und **auf einmal** kannst du alle Gräser und alle Pflanzen und alle Tautropfen zusammen sehen, wie sie ein Bild ergeben, ein Mosaik, ein Ganzes. Dein Inneres hat ihnen Vollkommenheit gegeben.*

*Und während du dasitzt, auf deiner Anhöhe, auf der Wiese mit deinem Geheimnis, siehst du **plötzlich** vor dir, vor deinen Augen … Vor deinen Augen erscheint ein besonderes Tier oder eine besondere Pflanze. Ein weis(s)er Hase oder etwas anderes, eine Eule oder etwas anderes, eine duftende Rose oder eine Akelei oder etwas anderes. Vor dir ist auf einmal **etwas Besonderes**. Und es spricht mit dir, dein Tier, deine Pflanze spricht mit dir und ist gut zu dir. Und deine Pflanze, dein Tier ist freundlich zu dir und will dir helfen.*

*Und **jetzt** kannst du deine Frage stellen, deine Frage, die du mitgenommen und erinnert hast. **Jetzt** ist die Zeit für deine Frage,* deine persönliche, deine eigene Frage, mit der du dir etwas Gutes tust, die dich weiterbringt und dich alles sehen lässt. – (Pause)

Und du wirst eine Antwort bekommen, wenn du darum bittest. Und die Antwort kann sein, dass du etwas hörst oder siehst. Und die Antwort kann sein, dass du etwas spürst von deiner Pflanze, von deinem Tier. Und vielleicht ist die Antwort, dass du keine Antwort brauchst, auch das wirst du merken. Weil deine Frage sich **von selbst** löst, wie du **von selbst** besser siehst und hörst und fühlst. – (Pause)

Und jetzt, da du die Antwort weißt, fallen alle Zweifel **wie von selbst** von dir ab. Und du fühlst dich wohl, weil alles so leicht geht, so selbstverständlich, so schwerelos. Und **noch einmal** genießt du den Augenblick und saugst alles in dich auf. Und du siehst das Ganze und genießt, wie dein Inneres dir alles ermöglicht. – (Pause)

Und wenn du genug hast, verneigst du dich vor deinem Tier, deiner Pflanze und verabschiedest dich. Und dein Tier, deine Pflanze verabschiedet sich von dir und verschwindet in deine Wiese hinein. Noch einmal gehst du an allen Gräsern, den Tautropfen, den Geheimnissen, den Gänseblümchen, den Kornblumen, den vollkommenen, den Margeriten vorbei zurück in den Wald.

Und du gehst ein wenig schneller, ein wenig leichter durch den Wald, weil du mehr siehst als zuvor. Und du hörst besser als zuvor. Und du gehst weiter, und **auf einmal** bist du wieder an der Tür und öffnest sie und siehst dich sitzen und die Ruhe genießen. Und du begrüßt dich und vereinigst dich mit dir selbst.

Und du wirst wacher, mit jedem Atemzug ein wenig mehr. Und wenn du so weit bist, öffnest du die Augen und kannst dich **wach und entspannt** fühlen.

Auf der **Z**auberwiese

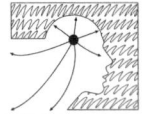

> Wenn du möchtest, nimm dir eine Frage vor

> Suche dir einen ruhigen Platz und schließe die Augen

> Gönne dir Zeit! Gehe Schritt für Schritt

> Gehe in die Wiese hinein! Sieh, höre, fühle, genieße

> Schau dich nach deiner Gestalt (Tier, Pflanze) um

> Besprich mit deiner Gestalt Deine Frage, höre auf ihre Antwort

> Manchmal bekommst du ein Geschenk, wenn du darum bittest

> Bedanke und verabschiede dich

> Verlasse die Zauberwiese mit guten Erinnerungen

GEWAK-Projekte: **F**lächen**L**esen

Mit Skepsis und Leseschwierigkeiten umgehen

Niemandem gelingt FlächenLesen gleich auf Anhieb. *Jeder Mensch ist und liest anders.* Oft sind es sehr persönliche Aspekte der Haltung, die im Wege stehen. Die Fantasiereise bietet Ihnen die Möglichkeit, sich selbst zu entwickeln, Hürden zu meistern, Klippen hinter sich zu bringen. Wenn Sie also ein Hemmnis für sich feststellen, können Sie sich selbst helfen: Nehmen Sie die Frage bzw. das Problem mit auf Ihre Reise und lassen Sie sich eine Antwort geben.

Möglicherweise sind Sie enttäuscht von sich, weil Sie etwas „nicht können". Dann nehmen Sie die Frage mit: „Wie kann ich meine Enttäuschung hinter mir lassen?" Und vielleicht finden Sie nicht nur für die Enttäuschung, sondern auch für Ihre Fähigkeiten eine Lösung.

Die Frage sollte so genau wie möglich gestellt sein und eine positive Antwort ermöglichen. Also nicht: „Warum kann ich dies und jenes nicht?" Warum-Fragen laden ein, Bestehendes zu erklären statt zu verändern. Fragen Sie vielmehr: „Was brauche ich, was kann ich tun, um diese oder jene Angelegenheit aufzulösen?" Die Fragen sollten realitätsgerecht, spezifisch, einfach und konstruktiv formuliert sein. Das Ziel, schneller lesen zu wollen, ist zu ungenau; denn wenn Sie auch nur *ein* Wort mehr pro Minute lesen, haben Sie ein solches Ziel erreicht. Günstiger ist eine Frage wie: „Was brauche ich, damit ich der Fähigkeit meines Gehirns traue?", oder: „Was brauche ich ganz besonders und persönlich, damit ich ganze Seiten lesen kann?"

Die Antworten liegen so gut wie nie in mehr Training oder besserer Technik, sondern in der Regel in einer veränderten Haltung, in mehr Entspannung, in schöneren Bildern.

Schwierige Themen können Sie gerne symbolisieren oder sogar personalisieren. Aus einer Frage machen Sie eine *Gestalt*. Dies ist ein in der systemischen Familientherapie[30] entwickeltes Stilmittel. „Frau Übergenauigkeit" oder „Herr Perfektionismus", „Herr Selbstzweifel" oder „Frau Angst" (etwas zu vergessen) mögen Sie noch so stören: Nehmen Sie Ihre Frage auf die Fantasiereise mit und finden Sie eine Antwort zum neuen Umgang mit Ihrer „ständigen (oder nur noch hin und wieder auftretenden) Begleitung".

Antworten bekommen Sie oft in Schritten. Nicht die radikale Lösung auf einen Schlag, sondern der sachte Wechsel vom einen zum anderen Zustand ist die Lösung, die Ihr Inneres Ihnen in der Regel anbietet. Und wenn Sie den ersten Schritt getan haben, reisen Sie ein weiteres Mal auf die Zauberwiese und lassen sich den nächsten Schritt zeigen. Manchmal benötigen Sie auch nur einen kleinen Schritt – und alles andere ergibt sich von selbst.

Probieren Sie die Antworten aus, auch wenn Sie diese merkwürdig finden. Die Antwort kommt ja aus Ihrem Inneren, ist also schon immer ein Teil von Ihnen. Nutzen Sie die „Weisheit" Ihrer eigenen Ressourcen.

Die Antwort kann sein, dass Sie keine Antwort brauchen. Befreien Sie sich dann einfach von Ihrer Frage: Sie macht keinen Sinn oder hat sich überlebt. Falls Sie die Antwort nicht verstehen, fragen Sie nach. Eine Antwort zu Ihrer Skepsis könnte zum Beispiel sein: „Gib deiner Skepsis einen Platz." Das ist auf gleiche Weise bildlich gesprochen, wie die ganze Fantasiereise bildlich gemeint ist. (Sie gehen ja nicht real spazieren.) Diese Antwort könnte heißen, dass Sie mit Ihrer Skepsis pfleglich umgehen, ihr an Ihrem Arbeitsplatz in Gedanken einen Stuhl anbieten, sich nach ihrem Befinden erkundigen, sie um Erlaubnis bitten, erfolgreich zu lesen und zu arbeiten; wenn Sie fertig sind, bitten Sie Ihre Skepsis um ihre Meinung zu Ihrer Arbeit. Wenn Sie mit einer Antwort nicht einverstanden sind, sagen Sie das und bitten um eine zweite Möglichkeit. „Das mache ich nicht", ist allerdings keine weiterführende Reaktion; schildern Sie als Einwand Ihre Gefühle: „Das macht mir Angst", oder das für Sie passende Gefühl. Sie werden eine Hilfestellung bekommen.

Diese Gestalt, mit der Sie in Gedanken reden, können Sie nicht manipulieren. Sie würden in einem solchen Falle einen Teil von sich selbst schlecht behandeln. Gefühle (und körperlich: das Gehirn) lassen sich nicht auf Knopfdruck beeinflussen. Sie können nur die Dinge nutzen und geschehen lassen.

Wenn Sie möchten, bitten Sie Ihre Gestalt am Ende des Dialogs um ein Geschenk. Manchmal bekommen Sie eines, das für Ihre Gefühle einen Wert darstellt.

Zuletzt seien noch *vier Arbeitsregeln* genannt, die wir ebenfalls von G. Renartz übernommen haben. Sie sollen sicherstellen, dass Fantasiereisen auch für Sie zu guten Erfahrungen werden.

1. Operieren Sie *immer* aus der Sicherheit heraus!

2. Greifen Sie nicht an, laufen Sie nicht weg! Verhandeln Sie stattdessen! Finden Sie heraus, was die Botschaft ist: Was will die Gestalt von Ihnen, was sollen Sie für sie tun, was will sie für Sie tun?

3. Wenn Sie feststecken: *Zaubern Sie!*

4. Zur Sicherheit ein Weg, um schnell aus der Fantasiereise aus-
   zusteigen: Stellen Sie sich eine Notbremse vor. Ziehen Sie
   sie und zählen Sie „3 – 2 – 1 – raus!" Dann öffnen Sie die
   Augen.

Paralleles FlächenLesen

Stellen Sie sich vor: Sie stehen in einem Computergeschäft und wollen ein Handbuch für ein Programm kaufen. Im Regal finden Sie drei verschiedene Bücher. Alle gleich dick, etwa 800 Seiten, jedes preist sich als das beste an. Wie können Sie sich entscheiden? Mehrere Stunden Zeit hergeben, um die Entscheidung fällen zu können, möchten Sie nicht; selbst mit FlächenLesen bräuchten Sie eine Weile dazu. Hier kann eine weitere Idee Ihnen helfen: Paralleles FlächenLesen. Wir stellen Ihnen in diesem Kapitel drei Methoden vor, wie Sie gleichzeitig mehrere Schriftstücke zum gleichen Thema bearbeiten können. Es ist noch einmal möglich, die Lesegeschwindigkeit zu erhöhen – natürlich ohne weitere Anstrengung.

Die Schriftstücke sollen sich auf *ein und dasselbe Thema* beziehen. Das erlaubt Ihrem Gehirn, zielorientiert Informationen aufzuspüren.

ParallelLesen: Der „Lese-Turbo"

Hier wird noch deutlicher: Es kann kaum um Details gehen, sondern Sie stellen die Entwürfe als ganze einander gegenüber. Sie vergleichen Grundideen. Wenn nötig, tragen Sie Einzelheiten später nach. Sie werden feststellen: Selbst wenn Sie diesmal noch zügiger über die Seiten gehen, bleibt doch eine Menge hängen – das Wichtige, das Ihnen erlaubt, die Ansätze miteinander zu vergleichen und die Schriften zu beurteilen.

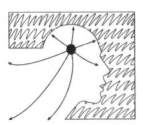

Parallel-**L**esen

> Mehrere Schriften zu einem Thema parallel lesen

> Große Mindmap
  - Pro Autor ein Hauptast
  - übergreifende Themen
  - Unterschiede der Sichtweisen

GEWAK-*Projekte: Flächen**L**esen*

Die Methodik ist eine geraffte Form dessen, was Sie schon kennen: Sie bereiten die Bücher vor mit Sehen, Hören, Riechen, Fühlen und notieren die gemeinsame Frage für alle Schriften. Anschließend verschaffen Sie sich einen Überblick mit Inhaltsverzeichnis, Klappentext, Stichwortverzeichnis. Sie brauchen dabei nicht in Einzelheiten zu gehen. Es geht diesmal nicht darum, ein Portrait eines Buches zu bekommen, sondern Gemeinsamkeiten und Unterschiede *zwischen* mehreren Autoren zu erfassen. Selbst wenn Sie den Eindruck haben, Ihnen sei etwas entgangen: Ihr Gehirn hat diesen Teil dennoch aufgenommen – und das Vergleichen selbst reaktiviert das am Bewusstsein vorbei Gelesene.

Dann beginnen Sie eine Mindmap. Zeichnen Sie für jeden Autor einen Hauptast. Dann scannen Sie wie gewohnt nacheinander alle Schriften. Anschließend tragen Sie an die Hauptäste die übergreifenden Themen und zentralen Ideen ein; ebenso die Unterschiede. Malen Sie Verbindungspfeile zwischen die Äste. Fertig!

Falls Sie Einzelheiten brauchen, schließen Sie an einer Stelle weitere Unteräste an oder gestalten eine eigene Gedankenlandkarte. Ihr Gehirn wird sich mehr merken können als bei nur einem Buch, weil Gemeinsamkeiten und Unterschiede neben dem Hören, Riechen und Fühlen weitere Verknüpfungspunkte sind. Der „Nachteil", dass Sie mehr Seiten zu scannen haben – falls Ihr Gehirn sich nicht freut, dass es endlich genügend zu tun hat –, ist bei weitem aufgewogen durch zusätzliche Verbindungen. ParallelLesen erleichtert die Arbeit noch einmal nachhaltig.

Das „Walt-Disney-Modell"

Eine weitere Möglichkeit ist vom Erfinder der *Mickey Mouse* geschaffen worden. Walt Disney hat etwas umgehen können, was wir alle zu gerne tun: uns selbst schon widersprechen, bevor wir einen Gedanken zu Ende gedacht haben. Im Gehirn entsteht dadurch ein Durcheinander, weil wir Entgegengesetztes gleichzeitig denken. Walt Disney hat ein eigenes Verfahren entwickelt, und der Erfolg hat ihm Recht gegeben: *Mickey Mouse* ist weltberühmt geworden. Dieses Verfahren stellen wir Ihnen als „Lesetechnik" vor.

Die Hauptidee ist: Trennen Sie Visionäres, Realistisches und Kritisches! Verhindern Sie auf diese Weise ein „Ja, aber", mit dem Sie sich selbst ins Wort fallen und das Sie nicht zum Zuge kommen lässt.

Das Vorgehen ist ganz einfach: Legen Sie für Ihre parallel zu lesenden Bücher drei Mindmaps an: Eine mit dem Titel *Visionäres*, eine mit dem Titel *Realistisches* und eine mit dem Titel *Kritisches*. Sie tragen jeweils das Visionäre *aller* Autoren in die Gedankenlandkarte für Visionäres ein, ebenso das Realistische aller Autoren in die entsprechende Mindmap, und das Kritische ebenfalls. So sammeln Sie zu jedem Aspekt die Aussagen aller Schriften.

Zeichnen Sie jeweils an nur einer der drei Gedankenlandkarten. Sie werden es merken: Ein „Ja, aber" ist nicht mehr möglich, aber berechtigte Einwände finden dennoch ihren Platz. Der Unterschied zu vorher: Auch die Visionen dürfen sich (endlich!) entfalten und kommen so zu ihrem Recht. Dann zeichnen Sie noch die Hauptäste ein, für jeden Autor einen.

Wenn Sie so weit sind, formen Sie aus den drei Positionen jeweils Ihre Frage. „Welche Vision zu meiner Frage haben die Autoren?" – „Welche Aspekte von Realität, Umsetzbarkeit usw. finde ich?" – „Wo liegen kritische Punkte, berechtigte Einwände?" Dann verschaffen Sie sich auf die bekannte – geraffte – Weise einen Überblick über die Schriften; so machen Sie es Ihrem Gehirn leichter. Anschließend scannen Sie Ihre Bücher zu *jeder* Frage einmal. Zuletzt zeichnen Sie den Gehalt in Ihre Gedankenlandkarten ein.

Wichtig: Sie machten es sich schwer, würfelten Sie die Fragen wieder zusammen und scannten Sie entsprechend nur einmal. Was Sie an Zeit beim Durchblättern zusätzlich benötigen, gewinnen Sie mehrfach dadurch, dass Sie neben den Inhalten schon eine Methodik haben, um die Inhalte weiter zu verarbeiten: Sie können *Visionäres, Realistisches und Kritisches getrennt erfassen* und getrennt bearbeiten.

Es folgt nun ein zweiter Schritt: Was in drei Mindmaps getrennt worden ist, bringen Sie miteinander in Beziehung. Legen Sie nun die drei Gedankenlandkarten übereinander. Oben liegen die *Visionen*, dann folgt die *Realität*, zuletzt die *Kritik*. Zuerst widmen Sie sich ausführlich den Visionen, vergleichen, stellen gegenüber usw. Dann legen Sie dieses Papier zuunterst und diskutieren mit sich selbst Aspekte des Realistischen. Dann legen Sie dieses Papier zuunterst und sehen sich die Kritiken an.

Weiter geht es – und jetzt kommt der große Schub: Wenn Sie sich jetzt noch einmal die Visionen ansehen, werden Sie *für Ihre eigenen Zwecke* die visionäre Mindmap ergänzen oder verändern. Nachdem Realisten und Kritiker das Wort gehabt haben, werden sich die Visionen überarbeiten. Anschließend nehmen Sie sich die Aspekte des Realistischen vor und ergänzen bzw. modifizieren diese ebenso; zuletzt die Kritik. Dann werden zumindest die Visionen noch einmal nachgearbeitet.

Trennung, Kombination und Korrektur der Aspekte führen dazu, dass sich aus den Büchern heraus eine eigene Welt konstruiert hat, die aber weit über das Gelesene hinausführt. Sie sind jetzt nicht nur imstande, über die Konzepte der Autoren zu referieren, sondern Sie können darüber hinaus deren Argumente gewichten, modifizieren und weiterführen. Auch für Ihre eigenen Zukunftspläne können Sie diese Arbeitsweise nutzen.

Walt Disney hat zu seiner Zeit jeder Position in seinem Denken Platz gegeben. So konnte er viel von seiner Vision bewahren und umsetzen, weil diese ständig korrigiert wurde von Realität und Kritik, ohne dass sie gestrichen worden wäre. Und er hat nie den Boden unter den Füßen verloren, denn seine Visionen unterzog er dem prüfenden Blick vom Standpunkt der

Realität. Und er ordnete Realität und Visionen neu zueinander, nachdem er zugehört hatte, was „Frau Kritik" zu sagen hatte. Er gab nie einfach einer Seite Recht. Wie erfolgreich er geworden ist, wissen Sie selbst.[31]

Das „**W**alt-**D**isney-**M**odell"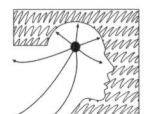

> Vorgehen
  - je eine Gedankenlandkarte zu den
    - *visionären* Aspekten aller Schriften bzw. Ihres Vorhabens
    - *realistischen* (umsetzbaren) Aspekten
    - *kritischen* Aspekten

> Fragen
  - Welche Vision hat der Autor?
  - Welche Realitätsaspekte „zähmen" die Vision?
  - Was kann schief gehen?

> Reihenfolge
  - Vision – Realität – Kritik –
    Vision – Realität – Kritik ...
  - Wiederholen, bis keine neue Idee mehr auftaucht

GEWAK-Projekte: FlächenLesen   © Emlein und Kasper 2000

TeamLesen: Arbeitsteilig lesen

Eine dritte Verfahrensweise ist das arbeitsteilige Lesen. Falls Sie in einem Team arbeiten, können Sie diesen Umstand nutzen.

Zuerst stellen Sie die Literatur zusammen, die Sie als Team lesen möchten. Verabreden Sie ein gemeinsames Ziel, eine gemeinsame Fragestellung. Teilen Sie auf, wer welches Buch liest bzw. wer mit mehreren Schriften welchen Aspekt der Fragestellung erarbeitet. Es können so nacheinander mehrere Teilnehmer dasselbe Buch bearbeiten – unter jeweils unterschiedlichen Aspekten. Anschließend lesen Sie und erstellen zu Ihrem Aspekt (parallel) oder zu dem von Ihnen gelesenen Buch eine Gedankenlandkarte. Zuletzt stellen Sie Ihre Erzeugnisse in einer „Mindmapgalerie" aus, und alle haben die Möglichkeit, sich über die Bücher der anderen zu informieren.

In einer Teamdiskussion vergleichen Sie die Ideen und führen diese weiter. Vielleicht entscheiden Sie sich, eine Gesamt-Mindmap zu erstellen. Mit dieser Methodik ist es keine Schwierigkeit, an einem Vormittag 10 000 Seiten gemeinsam zu bearbeiten und deren Ideen gar über das Gelesene hinauszuführen. Wichtig ist hierbei, dass sich das Team die Fragestellung klar vorgibt, sonst gehen Sie in der Masse der Informationen verloren.

TeamLesen können Sie gut mit dem „Walt-Disney-Modell" verknüpfen. In diesem Falle erstellt nicht jeder Teilnehmer eine eigene Gedankenlandkarte, sondern Sie entwerfen nur jeweils eine zu den drei Positionen. Sie tragen dann eben nacheinander mit je einem Hauptast pro Autor Ihre Informationen ein.

Team**L**esen

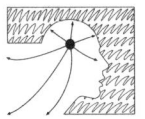

➢ Aufgabenverteilung
  • Ziel der Arbeitssitzung
  • Wer liest zu welchem Aspekt oder welches Buch?
➢ Einzelarbeit: Lesen
➢ Erstellen einzelner Mindmaps
➢ Vergleich der Ideen
  in einer Teamdiskussion
➢ Evtl. *eine* Gesamtmindmap

GEWAK-*Projekte:* **F**läch*en***L**es*en*

FlächenLesen – das Lesesystem der Zukunft

Lesen als selbstorganisiertes Lernen

Sicher werden Sie sich beim Lesen dieses Buches gefragt haben: Wie kann das überhaupt funktionieren, dass man ohne Mühe und ohne bewusste Wahrnehmung liest, das Gelesene im Kopf hat und dann auch noch wieder abrufen kann? Was geschieht genau im Gehirn?

Die Arbeitsweise des Gehirns macht dies alles möglich. Dass wir die Möglichkeiten des Gehirns nicht kennen und nutzen, liegt an unserer Kultur. Die westliche Zivilisation hat uns den Zugang zu Tagträumen, weichem Blick und Entspannung abtrainiert; diesen Vorgang beschreibt man bisweilen als „Erziehung". Und wir haben gelernt, jene Völker, die die Fähigkeiten des Gehirns kennen und nutzen, als „Primitive" zu belächeln – anstatt von ihnen zu lernen. Mit unserem Buch und unseren Seminaren zum FlächenLesen wollen wir Ihnen dabei behilflich sein, jene Fähigkeiten wiederzugewinnen, die Sie als Kind gehabt haben, aber haben „verkümmern" lassen (müssen). Es ist kein Zufall, dass wir von Erziehung reden: Der amerikanische Pädagoge Peter Kline[32] hat eine gehirngerechte Pädagogik entwickelt, eine eigene Schule gegründet und damit Schulversagern und „verhaltensauffälligen" Kindern einen erfolgreichen Abschluss möglich gemacht.

Das autonome Lernen des Gehirns

Ihr Gehirn arbeitet von selbst und es arbeitet unentwegt. Es hält Ihren Stoffwechsel, Ihren Herzschlag, Ihre Wahrnehmungs- und Bewegungsfähigkeit aufrecht. Das meiste an Ihrem Leben steuert es ohne Ihr Zutun, ohne Ihre Kontrolle. Wie großartig die Fähigkeiten des menschlichen Gehirns sind, lässt sich zum Beispiel an folgenden Geschehnissen ermessen, die Sie sicher schon selbst erlebt haben: Das Gesicht Ihrer Liebsten oder Ihres Liebsten könnten Sie unter Tausenden wieder erkennen, mit Worten Ihres Bewusstseins beschreiben könnten Sie dieses Gesicht aber nicht. Ein Sonnenuntergang am Meer oder in den Bergen bleibt Ihnen sprichwörtlich „unvergessen" – und Sie wissen, dass Sie dabei Millionen Empfindungen und Eindrücke aufgenommen haben, auch wenn Sie im Einzelnen Ihr Erlebnis nicht beschreiben könnten. Beide Erfahrungen können Sie auch noch nach Jahrzehnten erinnern. Mit 14 Milliarden Gehirnzellen und 100 Milliarden Verknüpfungen (Synapsen) können Sie also eine Menge anfangen. Bislang jedoch liegt das meiste davon brach. FlächenLesen hilft Ihnen dabei, mehr Teile Ihres Gehirns zu nutzen als bisher. FlächenLesen gibt es, weil das meiste, was Ihr Gehirn für Sie leistet, ohne Ihr bewusstes Zutun geschieht. Genauer gesagt: Auch Ihr Bewusstsein ist eine Erfindung Ihres Gehirns [33], ist also eigentlich sekundär. Es ist weniger wichtig für die Leistung des Gehirns, als man gemeinhin glaubt.

Was Sie damit anfangen können? Alles! Überlassen Sie Ihre Arbeit Ihrem Gehirn, anstatt dass Sie diese selbst machen. Sie werden merken: Sie ermüden weniger, sind frischer nach Ihren Tätigkeiten (Ihr Feierabend freut sich!), haben viel Spaß bei der Arbeit gehabt – und Ihre Arbeitsergebnisse sind besser. Anstrengend wird Arbeit, die Sie bewusst tun, so wie bewusstes

Lesen anstrengender ist als Scannen. Wenn Sie FlächenLesen einsetzen, so lassen Sie mit leichter Hand die Dinge von selbst an die richtige (Speicher-)Stelle fallen und Ihr Gehirn verknüpft das neue Wissen mit Ihrem schon bestehenden Wissensnetzwerk. Auch dieses Verknüpfen leistet Ihr Gehirn selbständig.

Wir sollten eigentlich nicht mehr sagen: Wir lesen, sondern: „Es" liest. Unser Gehirn liest und nutzt dazu unsere Augen.

Gehirnpflege: „No dope, no hope"

Damit Ihr Gehirn dies alles für Sie tun kann, müssen Sie es pflegen. Während Sie sich aus *unserem* System gerne das für Sie Passende auswählen können und in jedem Falle einen Gewinn an Zeit und Lust erfahren, haben Sie bezüglich der Pflege Ihres Gehirns keine Wahl. Wenn Sie anders arbeiten möchten als bisher, müssen Sie Ihr Gehirn „ölen". Sie *müssen* es „warten" wie Ihren Mercedes oder Rolls Royce. (Denn Ihr Gehirn gehört zur Luxusklasse mit Vollausstattung!) Ist Ihr Gehirn nicht „geschmiert", wird es nichts für Sie tun können. Frei sind Sie wiederum in der Entscheidung, welche Wartungsmaßnahmen Sie ausprobieren und welche nicht. Nicht alles wirkt bei jedem Menschen zu jeder Zeit. Auch hier haben Menschen individuelle Vorlieben und schätzen eigenständige Kombinationen.

Die Schritte, die wir Ihnen vorschlagen, ermöglichen Ihrem Gehirn, die Synapsen, die Verknüpfungen zwischen den Nervenzellen, zu „schmieren", sodass Ihre geistigen Fähigkeiten aufblühen.

1. Erlauben Sie sich Ruhe. Niemand kann geistig arbeiten, wenn er ständig unterbrochen wird.

2. Trinken Sie genügend, also deutlich mehr als bisher. Ein „trockengelegtes" Gehirn kann nichts leisten. Sie beeinflussen also unmittelbar den Flüssigkeitshaushalt Ihres Körpers. Ausgesprochen günstig ist reines Wasser, wenn Sie viel schwitzen, auch Mineralwasser. Dieses enthält Mineralstoffe in der passenden Dosierung; diese braucht Ihr Stoffwechsel. Kaffee (in größeren Mengen) schwemmt die Mineralstoffe aus, reduziert also Ihre Fähigkeiten.

3. Essen Sie leichte Kost: Frisches, Vollkornprodukte, Fettarmes. Alles andere zieht Energie ab und ist daher eher für den Feierabend geeignet. Die Südländer essen aus guten Gründen mittags leicht und abends „richtig".

4. Machen Sie genügend Pausen. Wenn etwas im Augenblick nicht geht, schalten Sie ab und tun etwas anderes. Und wenn Sie sich wieder ausgeglichen fühlen, gehen Sie zurück an Ihre Arbeit. Dank Ihrer neu erworbenen hohen Produktivität können Sie sich viele Pausen erlauben – und sind gerade deshalb schneller fertig.

5. Nutzen Sie Ihre Gehirnapotheke. „Schmieren" Sie Ihre Synapsen mit Botenstoffen: Entspannende Musik, Rhythmik, Jonglieren, Fantasiereisen, Tagträumen usw. befördern ganz spezifische Stoffe, die Ihr Gehirn braucht. Ihr Gehirn ist ein wahres „Drogenlabor". Es hat alles, was es an Drogen zum Funktionieren braucht.[34] Künstlich zugeführte Drogen dagegen lähmen in der Regel Ihre Fähigkeiten.

6. Arbeiten Sie mit möglichst vielen Sinneskanälen. Farben und Bilder, Töne und Gerüche helfen Ihrem Gehirn.

7. Wechseln Sie Konzentration mit körperlicher Bewegung ab. Nicht nur Ihr Gehirn, sondern Ihr ganzer Körper braucht regelmäßig eine „Sauerstoffauffrischung"; Ihr Gehirn benötigt

„Drogen" im Gehirn

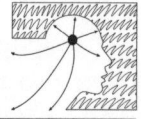

Was	Wodurch	Wirkung
Endorphin	Rhythmus	„Glück"
Acetylcholin	Denken	Denken
Dopamin	Musik	Fantasie
Endovalium	Trance	Angstfreiheit ☺

GEWAK-Projekte: FlächenLesen   © Emlein und Kasper 2000

diese Auffrischung am ehesten, denn dieses leichtgewichtige Organ beansprucht 20 Prozent Ihres Sauerstoffverbrauchs. Bekommt es den Sauerstoff nicht und Ihr Körper auch nicht, so werden beide müde.

8. Gönnen Sie Ihrem Gehirn Zeit. Dazu dienen die *Pausen* und körperlichen Aktivitäten. Darüber hinaus braucht Ihr Gehirn *größere Zeiträume*, um die eingescannten Informationen zu sortieren, mit Bekanntem zu verknüpfen und auf diese Weise Ihr Informationsnetzwerk zu organisieren. Wie viel Zeit Sie geben sollten, ist individuell verschieden. Die Zeiten variieren mitunter von 24 bis 72 Stunden. „Es" liest nicht nur, sondern „es" denkt auch. Sie werden es spüren, wenn Ihr Gehirn fertig ist (Wohlgefühl); ist es so weit, werden Ihnen „spontan" Einzelheiten zum Gelesenen einfallen. Für

Ihr Gehirn ist es nicht die Frage der Menge an Information – es kann unendlich viel aufnehmen. Aber es ist eine Frage der Zeit, die Sie Ihrem Gehirn zur Verarbeitung einräumen.

Von der Lesevision zur Leseaktion

Vielleicht ist Ihnen die folgende Erfahrung bekannt: Sie haben voller Engagement ein Seminar im Rahmen einer Fortbildung besucht und sind ganz begeistert von den neuen Möglichkeiten, die sich plötzlich für Sie auftun. Am Ende *dieses* Buches stellen Sie vielleicht die nüchterne Frage: „Was fange ich damit nun in Zukunft an?" Wer einen „Trockenschwimmkurs" erfolgreich besucht hat, möchte verständlicherweise wissen, wie sich die erlernten Schwimmbewegungen im realen Wasser anfühlen und ob diese im nassen Element auch richtig tragen.

Ihr Engagement und Ihr starkes Interesse brauchen angesichts dieser Frage nicht zu erlahmen; aber Sie merken vermutlich auch, dass von der Beantwortung dieser Frage eine Menge abhängt. Konkret auf unser Thema bezogen heißt dies: „Was fange ich mit meinen neuen Lesemöglichkeiten ab morgen bei der Arbeit an?!" Ihr gegenwärtiger und auch künftiger Umgang mit Lesestoff wird maßgeblich davon geprägt sein, wie es Ihnen gelingt, die erworbenen Fertigkeiten in Ihren (Lese-) Alltag zu integrieren.

Regelmäßig erleben wir im zweiten Teil unserer Seminare das folgende Feedback: Ein Teilnehmer erklärt mit pflichtbewusst schlechtem Gewissen, dass er zwischenzeitlich „nur" den zweiten Leseschritt („Leseabsichten festlegen") ausprobiert und damit auch gute Erfahrungen gemacht habe – aber leider zu weiteren Leseschritten nicht gekommen sei. Mit der gleichen

Regelmäßigkeit pflegen wir einen solchen Teilnehmer zu seiner autonomen Leseentscheidung zu beglückwünschen. Denn schließlich bedeutet dieses Vorgehen nichts anderes, als dass dieser Leser eine für sich in dieser Phase gute und kompetente Entscheidung getroffen hat.

Auch weil es für die „Perfektionisten" unter uns – und wir Autoren würden uns sehr wohl dazurechnen – eine wahre Zumutung ist, nicht alles auf einmal und vollständig erreichen zu können (das heißt möglichst viele Leseschritte abzuarbeiten), bieten wir Ihnen einige Ideen an, die Sie für sich nutzen können.

Es ist gewiss vorteilhaft, sich exemplarisch *einem* der fünf Leseschritte über eine längere Zeit zu widmen, bis Sie das intuitive Gespür haben, dass er jetzt „sitzt". Sie können nämlich dann von diesem Lernerfolg aus weitere Schritte ausprobieren und einstudieren. Mit zunehmender Praxis werden Sie schließlich die fünf Schritte des FlächenLesens je nach Textart, Lesezweck und Lesetechnik für sich sinnvoll kombinieren können. So können Sie sich unter anderem vornehmen, die vorgeschlagenen Übungen und Übersichten (siehe „Die 5 + 1 Schritte des FlächenLesens") je nach Bedarf näher zu betrachten und sich damit neue Leseerfahrungen zu organisieren.

Im Übrigen werden Sie vermutlich auch weiterhin „schöngeistige Literatur" lesen und genießen wollen und sich dabei an der Ästhetik der Sprache erfreuen. Die neuerdings vielzitierte „Entschleunigung" der (Lese-)Zeit mag hier sehr wohl ihren berechtigten Platz haben und Ihnen noch einmal eine ganz andere Lesequalität – diesseits und jenseits aller Schnell-Lesetechniken – ermöglichen.

FlächenLesen im beruflichen Alltag

Dieser Abschnitt stellt einige Möglichkeiten der Lesepraxis vor. Die Beispiele sollen die Bandbreite zeigen und die Brauchbarkeit unseres Systems für spezifische Situationen plausibel machen.

Jede Tätigkeit, die mit dem Verarbeiten von Informationen zu tun hat, eignet sich für FlächenLesen. Wichtig ist es allerdings, genau Textsorten und eigene Absichten festzulegen und auch je nach Situation auseinander zu halten. Nicht jede Leseweise ist für jeden Text und für jede Situation und für jeden Menschen geeignet. Wir zählen hier einfach die Möglichkeiten auf – und Sie suchen sich die für Sie passende heraus.

Textsorten

Texte sind bekanntlich nicht alle gleich. Der Informationsgehalt variiert enorm, auch bei wissenschaftlichen Schriften. Dies ist ein entscheidendes Kriterium. Wäre an einem Text *alles* neu, könnte ihn niemand verstehen. So hängt die Bearbeitung einerseits von der Informationsdichte ab, andererseits vom Grad der Neuigkeit für Sie.

Die folgenden Bemerkungen möchten Ihnen Anhaltspunkte geben dazu, wie zügig oder langsam, wie gründlich oder überfliegend Sie Ihre Texte bearbeiten können. Sie sollen auf diese Weise auch Anhaltspunkte dafür bekommen, wie Sie Probleme vermeiden können. Nicht jeder Text ist für Sie gleich wichtig; oft sind Texte in sich sehr unterschiedlich, sodass ein und dieselbe Leseweise nicht immer passt. Manchmal sind mehrere, aber dafür unterschiedliche Durchgänge hilfreich. Und mancher Text erzwingt ein ganz traditionelles Lesen.

Unser Vorschlag ist: *Viele Methoden für einen Text* anstatt eine Methode für alle Texte. Denn Texte sind nicht alle gleich. FlächenLesen lebt von der Vielfalt der Möglichkeiten und bietet entsprechend eine hohe Flexibilität der Methoden.

Tageszeitungen und Zeitschriften sind Texte in Kolumnen und lassen sich am leichtesten mit FingerLesen bearbeiten. Termine für Veranstaltungen müssen Sie natürlich traditionell lesen – aber das ist Ihnen ja keine Neuigkeit.

Monographien (Bücher zu nur einem Thema) erlauben zügiges Bearbeiten. Sie brauchen ja nur eine Antwort zu Ihrer Frage. Alles andere an der Schrift ist im Augenblick nicht wichtig.

Lehrbücher enthalten viele, diesmal wirklich wichtige Details. Sie sind selbst schon komprimiert und haben Überflüssiges ausgesiebt. Hier können Sie sich folgendermaßen helfen: Bearbeiten Sie das Buch genau nach den fünf Schritten. Wenn Sie anschließend fokussiert Einzelheiten lesen, werden Sie das Gefühl bekommen, nicht etwas Neues zu lesen, sondern etwas Bekanntes wieder zu lesen. Und wieder zu erkennen ist auch für Ihr Gehirn leichter als neu kennen zu lernen. Machen Sie zur Gesamtmindmap noch Detailmindmaps. Sie werden insgesamt natürlich mehr Zeit mit fokussiertem Lesen verbringen, aber Sie sind alle Mal schneller, als hätten Sie das Lehrbuch traditionell gelesen – und mehr merken werden Sie sich „von selbst".

Handbücher scannen Sie ebenfalls zuerst. Das detaillierte Lesen folgt, und Sie zehren von der Wiedererkennung.

Fachtexte, bei denen es auf Einzelheiten ankommt, sind an diesen Stellen eben genauer zu lesen. Aber mit Scannen sparen Sie sich viel Zeit: Über jene Seiten, die Bekanntes enthalten, gehen Sie schnell hinweg, und wenn Sie auf jene Einzelheiten stoßen, lesen Sie nachträglich fokussiert und in Ruhe. Ähnliches gilt für andere wissenschaftliche Fachtexte.

Betriebsanleitungen und *Kochrezepte* lesen Sie bitte ganz traditionell, bei längeren Texten vielleicht auch mit Drei-Punkte-Technik. Der Braten ist hinüber und die Maschine wird funktionsuntüchtig, wenn Sie etwas Wichtiges übersehen und deshalb Fehler machen.

Romane können Sie gerne scannen – wenn Sie für eine Prüfung nur den Inhalt kennen müssen. Vom Lesevergnügen und der schönen Sprache von Thomas Manns „Buddenbrooks" bekommen Sie allerdings beim Scannen nichts mit. Hierfür gönnen Sie sich Muße und traditionelles Lesen.

Ihnen flattern vielleicht viele *Arbeitspapiere* auf den Schreibtisch: Memos des Abteilungsleiters, Infos über neue Produkte, Neues von den Umsatzzahlen usw. DreiPunkteLesen, SprungLesen oder FingerLesen erlauben Ihnen, die Seiten schnell durchzugehen. Sie werden staunen, wie wenig übrig bleibt zum fokussierten Lesen. Vieles müssen Sie ja gar nicht im Kopf behalten, sondern nur registrieren und so abheften, dass Sie es bei passender Gelegenheit wiederfinden – um es erst dann genauer zu bearbeiten.

Mit *einer* Erfahrung werden Sie leben müssen, wenn Sie sich auf das Abenteuer FlächenLesen einlassen: Sie werden viel Material finden, das zu lesen nicht lohnt. Es steht nichts Neues darin oder Sie kennen das Neue bereits aus einem anderen Zusammenhang. Vielleicht verspricht der Autor mehr, als er halten kann. Oder es stellt sich heraus, dass der Titel Sie auf eine falsche Fährte gebracht hat und das Buch von etwas anderem handelt. Der Buchhandel wiederum wird damit leben müssen, dass Sie künftig viele Schriften zurück ins Regal stellen, von denen Sie bisher geglaubt haben, sie kaufen zu müssen.

Absichten und Situationen

Überlegen Sie genau, *wofür* Sie Informationen benötigen. Ihre Absichten gehen über die jeweilige Frage an den Autor hinaus. Möchten Sie ein Referat halten oder eine Präsentation durchführen, brauchen Sie deutlich weniger Einzelheiten als für eine wissenschaftliche Publikation. *Sortieren Sie aus,* was Sie nicht brauchen oder jetzt nicht brauchen. Unnötiges Lesen ersetzen Sie durch genaue Vorbereitung.

Für ein *Studium* eignet sich FlächenLesen ebenfalls ausgezeichnet. Einzelheiten lesen Sie fokussiert, aber wenn Sie Theorieentwürfe miteinander vergleichen sollen, brauchen Sie nur die „großen Linien": Mindmaps, die Ihnen die Gedankenstrukturen der Autoren plausibel machen.

Computertexte

Stillschweigend sind wir bislang davon ausgegangen, dass Sie Ihre Texte als papierenes Dokument vor sich haben. Der eine oder die andere von Ihnen hat es jedoch auch mit Computerdateien zu tun, die Sie zu lesen haben.

Auch hierbei können Sie FlächenLesen einsetzen. Sie müssen nur die Leseweise dem Medium Computer anpassen. Praktisch alle Textverarbeitungsprogramme erlauben, den Text mit der Maus zu „scrollen", schnell durchlaufen zu lassen. Sie werden dabei kein einzelnes Wort, geschweige denn einen ganzen Satz lesen können. Aber wenn Sie entspannt sehen, wie die Zeilen sich über den Bildschirm bewegen, so als würden regelrecht

Flächengrafiken entstehen und wieder vergehen, dann haben Sie ein vergleichbares Erlebnis wie beim SeitenLesen.

Vielleicht ist es hilfreich, *vor* diesem „Scannen" des Dateiinhaltes mit Hilfe der „Gliederungsansicht" die Kapitelüberschriften in Augenschein zu nehmen. Damit geben Sie sich, eventuell für eine Mindmap, eine Gedankenstruktur, in die Sie dann die Informationen hineinhängen.

SpungLesen können Sie bei Computertexten natürlich auch einsetzen. Sie brauchen dabei aber ein wenig Übung, damit Sie immer genau passend mit der „Bild ↓"-Taste zum jeweils nächsten Absatz springen.

Übrigens: Der zurzeit schnellste Flächenleser der Erde liest nur noch am Bildschirm. Er bringt es auf diese Weise zu einer Textmenge, die 750 Seiten pro Minute entspricht.[35] Dies ist natürlich mit dem traditionellen Blättern überhaupt nicht mehr möglich.

FlächenDenken: Ein Ausblick auf Schreiben und Reden

Es wäre natürlich Unsinn, von „FlächenSchreiben" und von „FlächenReden" sprechen zu wollen. Für Ihr eigenes Schreiben und Reden können Sie allerdings viele Aspekte und Methoden des FlächenLesens nutzen. Die Gehirn- und Körperpflege ist dieselbe. Und ansonsten gehen Sie den Weg vom Text zur Gedankenlandkarte genau umgekehrt.

Sie beginnen also mit dem „FlächenDenken". Sie fangen mit der Mindmap an und sammeln als Erstes Ihre Ideen: Sie überprüfen Ihr Material, verschieben Einzelnes, ordnen über oder unter – und anschließend arbeiten Sie schriftlich oder mündlich die einzelnen Äste ab. Schriftliches müssen Sie vielleicht noch überarbeiten und sprachlich verbessern. Aber dann sind Sie auch schon fertig. Das vorliegende Buch ist auf genau diesem Wege entstanden ...

Sie werden packender und lebendiger reden, denn Sie „kleben" nicht mehr an den Worten und Zeilen, die Sie von einem Manuskript ablesen. Ihr Gehirn liefert Ihnen entsprechend der Struktur seines Netzwerkes und der Struktur Ihrer Gedankenlandkarte die Einzelheiten im passenden Augenblick. Und Sie sehen Ihren Zuhörern in die Augen: Sie „kommen an".

Wenn Sie das FlächenLesen beherrschen, können Sie noch mehr!

Das Zeitalter des Gehirns

Nicht nur neurobiologisch gesehen, sondern ganz allgemein leben wir in einem neuen Zeitalter: dem Zeitalter des Gehirns. Am Ende dieses Jahrtausends gibt es Techniken, die Ihnen erlauben, das Potenzial Ihres Gehirns vielfältiger zu nutzen als je. Von der Urzeit bis heute kann man die Entwicklung der Menschheit in Epochen einteilen: Eisenzeit, Bronzezeit usw. bis zum „Jogurtbecher- oder Plastikzeitalter" der Gegenwart. Der Bezugspunkt ist dabei jedes Mal ein von Menschenhand hergestellter *Gegenstand*. Auch in dieser Hinsicht erleben wir heute einen Wechsel der Sichtweise: Zum ersten Male in der Geschichte der Menschheit ist der Bezugspunkt ein *Körperorgan*, und unsere Zeit heute bezieht sich genau auf jenes Organ, das den Menschen noch am meisten von den anderen Säugetieren unterscheidet. Wenn es nicht ein wenig übertrieben klänge: Der Mensch scheint (wieder) zu sich selbst zu finden.

Die Zukunft des FlächenLesens – eine Lesereise ins 21. Jahrhundert

Mit einiger Wahrscheinlichkeit sind Sie uns bis hierher gefolgt, haben das vorliegende Buch in einem Durchgang oder auf eine selektive Art und Weise gelesen. Wie auch immer Sie den Umgang mit diesem Lesestoff gestaltet haben, wir sind nun gemeinsam an ein vorläufiges Ende und auch Ziel gekommen. Doch wir gehen einmal davon aus, dass Sie als Lesende und wir als Schreibende an einer Zwischenetappe angelangt sind, bei der wir zunächst etwas verweilen dürfen.

Am Ende dieses 20. Jahrhunderts und an der Schwelle zum 21. Jahrhundert ist viel von „innovativen Lern- und Arbeitstechniken", von „lernenden Organisationen" und „Wissensmanagement" die Rede, angesichts des enger zusammenrückenden „global village" unseres Planeten und seiner Menschheit. Die beruflichen und geistigen Anforderungen nehmen zu, Flexibilität und Mobilität sind Teile eines weltweit stattfindenden Veränderungsprozesses. Kaum einer von uns wird privat wie beruflich für sich verbindlich entscheiden können, wohin und bis zu welchem Ziel die (Lebens-)Reise gehen mag. Doch einen Teil unserer Ziele und der damit verbundenen Veränderungen können und sollen wir autonom gestalten und zielorientiert verfolgen.

Auf dem Hintergrund der globalen Zunahme des „Rohstoffs" Wissen wird dabei die Kulturtechnik des Lesens im 21. Jahrhundert eine größere Rolle als je spielen. Das Zeitalter des Gehirns ist auch das Zeitalter der Information, denn das menschliche Gehirn unterscheidet sich vom Tiergehirn gerade dadurch, dass es über die Großhirnrinde (fast) unendliche Mengen an Information verarbeiten kann.

Wissen und Information wird mehr als je unsere Zukunft bestimmen. Und so möchten wir Sie an dieser Stelle ein letztes Mal zu einer angenehmen „Lesereise" in die nahe und mittlere Zukunft einladen:

Zurück in die Zukunft

Wir wissen nun natürlich nicht, welches Ihr bevorzugtes Vehikel auf Ihrer Lesereise zurück in die Zukunft ist. Wir stellen uns einfach vor, dass Sie dafür mehr oder weniger bewusst ein gutes Gespür haben. Vielleicht erinnern Sie sich bei dieser Gelegenheit einfach an Ihre letzte Urlaubsreise. Es könnte sein, dass Sie dabei mit dem Zug unterwegs waren, mit dem Flugzeug oder einem sonstigen Vehikel. Das spielt für diesen Augenblick auch keine weitere Rolle. Wenn Sie Ihr Reisegefährt bestiegen und schon seit geraumer Zeit Platz genommen und sich ein wenig entspannt haben, dann könnte es sein, dass Sie eine Reiselektüre in die Hand genommen haben. Manche Menschen können zum Beispiel angesichts gleichförmiger Schienen- oder Fluggeräusche hervorragend abschalten und sich in etwas vertiefen …

Egal, ob Sie etwa im Zug, im Flugzeug oder im Bus sitzen: Sie werden wissen, wie lange Sie unterwegs sein werden und wohin Ihre Reise jetzt gehen soll. Sicher haben Sie auch schon eine ungefähre Vorstellung von Ihrem Zielort – sollten Sie noch nicht dort gewesen sein.

Achten Sie für einen kurzen Moment lang in Ihrer Erinnerung auf die Umgebung, in der Sie sich gerade auf Ihrer Lesereise befinden. Was alles gibt es da für die Augen zu sehen – an Menschen, Gegenständen, Farben und Kontrasten? Was können Sie zwischenzeitlich empfinden, riechen oder vielleicht auch schme-cken? Achten Sie einmal darauf ...

Nun, ist es gut möglich, dass Sie vor Ihrem inneren Auge schon ganz oder teilweise auf Ihre Reiselektüre fokussiert sind – wissen Sie noch, was Sie da gerade lesen? Und doch können Sie das regelmäßige, beruhigende Geräusch Ihres Vehikels wahrnehmen und können genießen, wie es Sie wegführt, hineinführt in eine andere Welt.

Manchmal machen auch Erwachsene eine Leseerfahrung, die man gemeinhin nur bei Kindern zu finden glaubt. Sie lesen regelrecht absorbiert einen Lesestoff und sind ganz von Form und Inhalt eingenommen. Ja, es spielt möglicherweise schon fast keine Rolle mehr, was Sie genau in diesem Moment lesen und einfach genießen können. In einem Schriftstück lesen und sich darin mehr und mehr vertiefen ... – allmählich, beinahe unmerklich verlagern Sie Ihre Aufmerksamkeit nach innen.

Und zugleich merken Sie, wie Ihr Blick sich weitet. Je tiefer Sie konzentriert sind, desto weiter wird Ihr Blick, weit, bis Sie alles auf einmal sehen können: Ihr Fahrzeug, die vorbeiziehende Gegend, Ihren Text. Sie spüren, dass Sie auf nichts besonders achten, auf nichts besonders aufmerken müssen, um es erinnern zu können. Es geht alles wie von selbst, so wie auch Ihr Fahrzeug wie von selbst fährt und Ihre Augen wie von selbst über alles gleiten.

Möglicherweise lesen Sie den Text und entdecken plötzlich einen Text innerhalb des Textes, so wie man manchmal eine bestimmte Geschichte hört und dann dabei eine Geschichte innerhalb der Geschichte vor dem inneren Auge vorüberzieht. Sie lesen und machen sich dabei so Ihre Gedanken. Sie nehmen Gedanken und Ideen auf und erleben dabei Ihre eigene „Geschichte". Sie erfahren etwas Wissenswertes und bewahren etwas Interessantes für sich auf...

Einen Text in einem Text lesen – eine Geschichte in einer Geschichte erfahren, das ist Realität und Imagination zugleich; Wirklichkeit und Fantasie berühren einander; Fantasien werden „wirklich" und Wirklichkeiten werden „fantasiert".

Zwischenzeitlich sind Sie auf Ihrer Lesereise schon geraume Zeit unterwegs; vielleicht sind Sie sehr schnell in Ihrem Reisevehikel – nur noch schemenhaft treten Landschaften, Himmel und Wolken vor Ihre Augen. Eigentlich lässt die Geschwindigkeit es kaum mehr zu, irgendetwas im Detail zu erkennen; und im Moment brauchen Sie das auch gar nicht. Und Sie bekommen doch alles mit und Sie wissen, dass Sie alles erfassen. Sie lesen – und „etwas liest" in Ihnen. Sie sehen und betrachten mit Ihren äußeren und Ihren inneren Augen. Was Sie allmählich besser wahrnehmen und erkennen können, sind allgemeine Facetten und Muster Ihrer Umgebung; einzelne Details nehmen Sie noch vereinzelt wahr. Vereinzelte Muster von Landschaften und Wolken und Buchstaben bilden sich für Sie ab. In einem Meer von Sinneseindrücken suchen und finden Sie unbewusst allgemeine Orientierungspunkte, die Ihnen auf Ihrer weiteren Reise dienlich sind.

Und Sie merken plötzlich, wie die Buchstaben und Zeilen genauso schnell an Ihrem Auge vorbeifliegen wie die Landschaft und die Wolken. So schnell, dass Sie Landschaft, Wolken und Buchstaben gar nicht mehr bewusst wahrnehmen. Und Sie wissen, es geht nichts verloren; alles, was wichtig ist, erfassen Sie, und das macht Sie ruhig und entspannt.

Es mag sein, dass Sie sich die Frage stellen, wie Sie Ihre persönlichen (Lese-)Kompetenzen und Ressourcen einsetzen und an-

wenden – wie und wozu Sie Lesenswertes und Wissenswertes fruchtbar machen; wie Sie welches Wissen bei unterschiedlichen Situationen und Anlässen gezielt einbringen.

Und mit zunehmender Reisedauer gelingt es Ihnen, sich von Ihrer Reise- und Leseumgebung mehr und mehr zu lösen und sich zu entfernen. Sie können, wenn Sie denn möchten, noch weitere Ziele und lesenswerte Schriftstücke ausmachen, die Ihnen vermutlich auf Ihrer nächsten Reise begegnen und in die Hände geraten werden. Und neben den schon vorhandenen Mustern an Informationen treten zusätzlich neue Wissensmuster in Beziehung. Es scheint fast, als ob sich ein Netzwerk an alten und neuen Mustern von selbst knüpft; und vor Ihrem inneren wie äußeren Auge fügen sich einzelne Musterteile wie ein sinnvolles Puzzle zusammen. Sie brauchen bloß noch diese Teile zu sichten und zu sammeln und neue Muster bilden zu lassen. Manches geschieht einfach wie von selbst ...

Das erste Schriftstück haben Sie „traumhaft" gelesen, schnell und zielsicher Ihre Informationen erhoben. Und Sie greifen nach einem zweiten und lesen es noch schneller und entspannter zugleich, und Sie greifen nach weiterer Lektüre. Und Sie entdecken, dass Buchstaben und Zeilen ganze Flächen und Muster bilden, vollendete Sinngestalten. Sie fahren ganze Bücherwände entlang, durch ganze Bibliotheken hindurch, ein Reich der Sinneseindrücke und des Wissens. Sie können aus dem Vollen schöpfen. „Es" liest in Ihnen unzählige Texte. Und Ihr Vehikel bewegt sich schneller und schneller in die Zukunft.

Und Sie nähern sich wie von selbst Ihrem Ziel; es dauert nun nicht mehr lange, bis Sie ankommen werden, und die Vorfreude auf alles, was da kommt, wird größer. Und Sie erkennen immer deutlicher, wie sich Muster an Muster und Details an Details fügen und wie das Netz Ihres Wissens fester und vielfältiger geknüpft wird – an mehreren Stellen gleichzeitig und zu Ihrem Nutzen. Und Sie entdecken: Ihr Ziel ist die Zukunft.

*Und während Sie fast unmerklich die Zukunft erreicht haben, blitzt vor Ihren Augen ein Wegweiser mit den folgenden Worten auf: „**Werde dein eigener (Lese-)Coach!**"*

*

Wir Autoren wünschen Ihnen, dass Sie heute und morgen Ihre selbst gesteckten (Lese- und Lebens-) Ziele erreichen!

NachLese

Die Gedankenlandkarte zum Buch

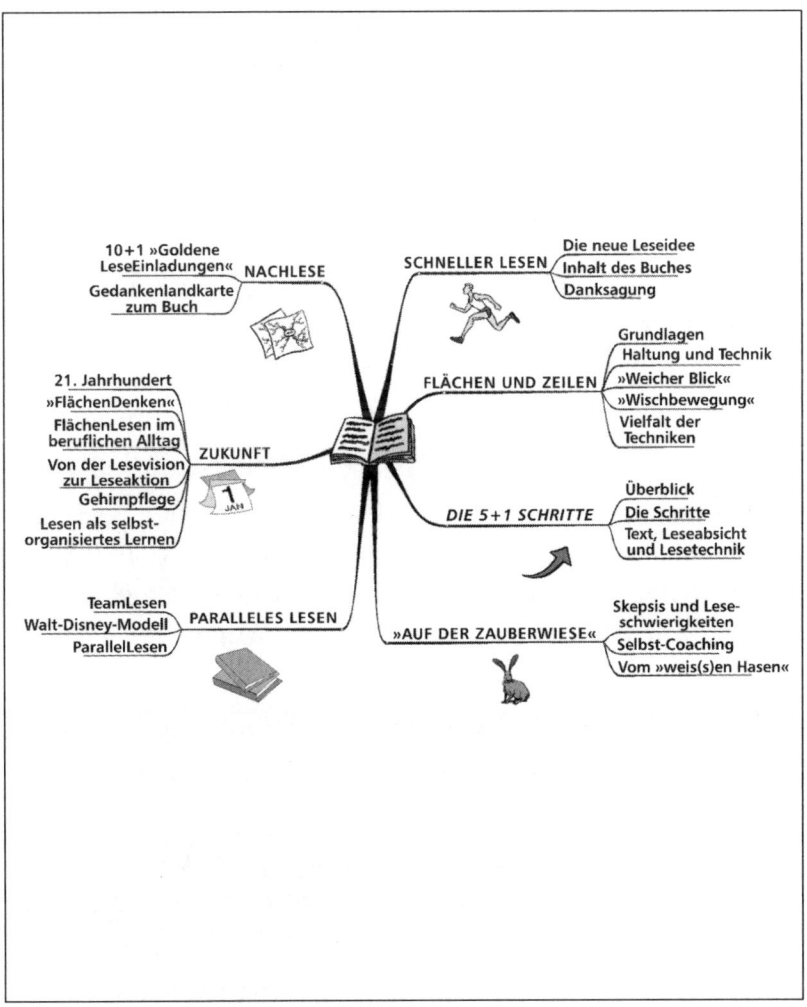

10 + 1 goldene Leseeinladungen für FlächenLeser

1. Bereiten Sie sich *mental* vor mit Ihrem persönlichen Weg zur Entspannung.

2. Klären Sie Ihre *Absichten* und *Interessen* gegenüber dem Lesestoff bzw. dem Autor möglichst in einer frühen Phase!

3. Setzen Sie fest, wie viel *Zeit* Sie investieren möchten und können!

4. Verschaffen Sie sich eine erste *Übersicht* über Ihr Schriftstück und nutzen Sie dabei für Ihren Eindruck möglichst viele *Sinneskanäle* (Augen, Ohren, Nase, Hände …)!

5. Wählen Sie am besten eine *FlächenLesen-Technik* aus, mit der Sie Ihren Lesestoff zunächst als Ganzes in den Blick nehmen (zum Beispiel Wischen oder Scannen)!

6. Probieren Sie verschiedene Möglichkeiten aus, in welchen *Leseschritten* und mit welchen Lesetechniken Sie vorgehen werden!

7. Erstellen Sie *Gedankenlandkarten*, um Informationen zu reaktivieren und um weitere Fragen an den Text zu stellen; überarbeiten und präzisieren Sie Ihre Mindmap, sobald es Ihnen sinnvoll erscheint!

8. Ergänzen Sie mit DetailLesen zusätzliche Informationen und Einzelheiten, indem Sie interessante Textpassagen *intuitiv* erschließen und näher bearbeiten!

9. Respektieren Sie Ihren Impuls nach „perfekter" Informationsaufnahme, denn dieser führt Sie zu jenen Stellen hin, die für Sie noch zusätzlich wichtig sind!

10. Nehmen Sie sich ein wenig Zeit und Muße für konstruktive

Gespräche mit Ihrem persönlichen „Lesecoach"; stellen Sie ihm von Zeit zu Zeit eine Frage und bleiben Sie neugierig auf die Antwort, die Sie erhalten!

10 + 1. Wählen Sie sich jetzt und morgen immer wieder gerade *die* Leseeinladung aus, von der Sie sich den größten persönlichen Nutzen versprechen. *Halten Sie FlächenLesen einfach für möglich!*

Auflösung des 3-D-Bildes von S. 31

Anmerkungen

1. Vgl. Peter Kline: *Das alltägliche Genie*. Paderborn (Junfermann), 1995

2. Siehe: Hans-Jürgen Walter: *Denk-Zeichnen. Machen Sie sich ein Bild von Ihren Ideen*. Bayreuth (J. Schmidt Verlag), 1995, S. 52

3. Wir verwenden den Begriff „Trance" auf dem Hintergrund der Hypnosekonzepte von Milton Erickson. Dort meint Trance das Herstellen einer gewünschten Fokussierung von Aufmerksamkeit.

4. Mihaly Csikszentmihalyi: *Flow. Das Geheimnis des Glücks*. Stuttgart (Klett-Cotta), 1991

5. Siehe zum Beispiel Luc Ciompi: *Die emotionalen Grundlagen des Denkens. Entwurf einer fraktalen Affektlogik*. Göttingen (Vandenhoeck & Ruprecht), 1997

6. Josef Zehentbauer: *Körpereigene Drogen*. München (Winkler) und Zürich (Artemis), 1992

7. Der amerikanische Hypnotherapeut Milton Erickson hat dieses Phänomen als „Alltags-Trance" bezeichnet.

8. Vgl. die Arbeit von George Pennington: *Der Weg über die Augen. Übungen für das visuelle Glasperlenspiel*. Paderborn (Junfermann), 1994

9. Auch teuer bezahlte Gedächtnistrainings „trainieren" nicht das Gehirn, sondern setzen schlicht dessen natürliche Fähigkeit ein, auf mehreren Sinneskanälen gleichzeitig Informationen zu speichern.

10. Wie mentale Entspannungsprogramme die persönliche Lernleistung deutlich steigern können, beschreiben u. a. Brian Alman, Mihaly Csikszentmihalyi und Dirk Revenstorf (siehe annotierte Bibliografie).

11. Siehe Oliver Breidbach: *Expeditionen ins Innere des Kopfes – Von Nervenzellen, Geist und Seele.* Stuttgart (Trias), 1993

12. Oliver Breidbach, ebd.; Gerhard Roth: *Das Gehirn und seine Wirklichkeit.* Frankfurt (Suhrkamp), 1996

13. Howard Gardner: *Abschied vom IQ. Die Rahmen-Theorie der vielfachen Intelligenzen.* Stuttgart (Klett-Cotta), 1991. Ders.: *So genial wie Einstein. Schlüssel zum kreativen Denken.* Stuttgart (Klett-Cotta), 1996. Ders.: *Der ungeschulte Kopf. Wie Kinder denken.* Stuttgart (Klett-Cotta), 3. Aufl. 1996

14. Zum Beispiel Peter Kline: *Das alltägliche Genie,* Paderborn (Junfermann), 1995

15. Siehe Bobbi de Porter und Michael Hernacki: *Brain Training,* Kapitel 9 „Beginnen Sie mit Power Reading" (siehe annotierte Bibliografie).

16. In: Dirk Revenstorf und Reinhold Zeyer: *Hypnose lernen,* S. 31 (siehe annotierte Bibliografie).

17. So auch bei Paul Scheele beschrieben in: *PhotoReading,* Paderborn (Junfermann), 1996. Er nennt sie die „Blip"-Seite.

18. Ebd.

19. Das Tanzen hat eine ähnliche Trancefunktion, die tanzenden Derwische wissen das.

20. Ebd., S. 81

21. Siehe Peter Senge: *Die fünfte Disziplin.* Stuttgart (Klett-Cotta), 1996

22. Wir wollen keine Nachahmer heranziehen, sondern lieber Ihre Kreativität mobilisieren helfen. Falls Sie eine eigene Technik erfunden haben: Wir würden uns freuen, wenn Sie uns informieren würden. Gegebenenfalls wird Ihre Technik in die nächste Auflage dieses Buches Eingang finden.

23. P. Scheele empfiehlt sogar eine „Inkubationsphase" bis zu einem Tag, in: *PhotoReading*, S. 89 f.

24. „Mind Map" ist ein geschütztes Warenzeichen von T. Buzan. „Mind Mapping" ist ein geschütztes Warenzeichen von M. Beyer. Diese und die anderen Mindmaps sind gezeichnet mit Mind Manager 4.0 von Mindjet GmbH, Postfach 1221, D-63748 Alzenau, www.mindjet.de.

25. MindMapping wurde von dem Engländer Tony Buzan entwickelt; seine letzte Arbeit zum Thema ist das „Mind-Map-Buch"; vgl. die knappe und präzise Einführung von Margit Hertlein (siehe annotierte Bibliografie).

26. Alle hier genannte Literatur finden Sie in der annotierten Bibliografie.

27. Josef Zehentbauer: *Körpereigene Drogen. Die ungenutzten Fähigkeiten unseres Gehirns.* München (Winkler) und Zürich (Artemis), 1992

28. Götz Renartz: *Das Unbewusste weiß, was zu tun ist. Experimentelle und klinische Hypnose 12,* 1996, 123–136. Ders.: *Die Zauberwiesenstrategie.* Manuskript Mainz, 1997

29. Hören Sie diese Kassette allerdings niemals beim Autofahren. Sie könnten sich und andere gefährden.

30. Michael White und David Epston: *Die Zähmung der Monster. Literarische Mittel zu therapeutischen Zwecken.* Heidelberg (Carl Auer Systeme), 1990

31. Dieses Modell hat der amerikanische Trainer Robert Dilts im Einzelnen anhand der Geschichte von Walt Disney beschrieben. Siehe Robert Dilts: *Know how für Träumer – Strategien der Kreativität.* Paderborn (Junfermann), 1994. Die Anwendung auf ParallelLesen verdanken wir Klaus Marwitz.

32. In: *Das alltägliche Genie.* Junfermann (Paderborn), 1993

33. Siehe: Gerhard Roth: *Das Gehirn und seine Wirklichkeit. Kognitive Neurobiologie und ihre philosophischen Konsequenzen.* Frankfurt (Suhrkamp), 1994

34. Josef Zehentbauer: *Körpereigene Drogen. Die ungenutzten Fähigkeiten unseres Gehirns.* München (Winkler) und Zürich (Artemis), 1992

35. Persönliche Mitteilung von Klaus Marwitz.

Annotierte Bibliografie

Die folgende Literaturliste erhebt keinen Anspruch auf Vollständigkeit. Sie bietet lediglich eine subjektive Auswahl an Buchtiteln, die uns auf dem Weg zum FlächenLesen beeinflusst haben.

I. Literatur zum Thema „Schnell-Lesen":

Deutsch:

F. Bohlen: Effizient lesen – eine systematische Hilfe für alle, die zu viel zu lesen haben, Renningen-Malsheim (expert-Verlag), 2. Auflage 1995. *Das Thema Augenfixierungen, Übungen zur Erweiterung der Blickspanne und die Bewertung der Lesegeschwindigkeit werden anhand praktischer Übungen vertieft.*

R. und W. Michelmann: Effizient Lesen – Das Know-how für Zeit- und Informationsgewinn, Wiesbaden (Gabler), 1995. *Liefert Fakten zu den physikalisch-optischen Bedingungen des Lesens; ferner Hinweise zum Strukturieren von Texten.*

E. Ott: Optimales Lesen, Reinbek (Rowohlt), 1972. *Dieses Buch enthält ein festes Zeitschema zum Üben mit vielen Beispielen, insbesondere zur Erweiterung der Blickspanne.*

P. Scheele: PhotoReading. Die neue Hochgeschwindigkeits-Lesemethode in der Praxis, Paderborn (Junfermann), 3. Auflage 1998. *Scheeles Buch leitete den Paradigmenwechsel bei den Schnell-Leseverfahren ein. Im Mittelpunkt steht ein Verfahren, bei dem ganze Buchseiten mental „fotografiert" werden.*

W. Zielke: Schneller lesen, intensiver lesen, besser behalten, München (mvg-Verlag), 4. Auflage 1991. *Unterscheidet wesent-*

liche Arten des Lesens je nach Lesestoff und bietet für das periphere Sehen eine Reihe von Übungen an.

Englisch:

M. Adler und Ch. v. Doren: How to Read a Book – The Classic Guide to Intelligent Reading, New York (Touchstone), 1972. *Diese Arbeit gibt Hinweise dazu, wie sich unterschiedliche Literaturgattungen bearbeiten lassen. „Syntopisches" Lesen enthält Tipps, wie man mehrere Schriftstücke parallel liest.*

E. Wood: 7-Day Speed Reading & Learning-Program, New York (Avon Books), 1990. *Klassisches Speed-Reading-Programm, das Hinweise für zahlreiche Übungen innerhalb eines genau umrissenen Zeitschemas enthält.*

II. Literatur zum Thema „Gehirngerechtes Lernen":

Die hier genannten Bücher enthalten alle eine Fülle praktischer Anregungen und Vorschläge, wie man seinen persönlichen Lern- und Arbeitsstil weiterentwickeln und optimieren kann.

V. Birkenbihl: Stroh im Kopf? Gebrauchsanleitung fürs Gehirn – vom „Gehirn-Besitzer" zum „Gehirn-Benutzer", Offenbach (GABAL), 31. Auflage 1997

P. Kline: Das alltägliche Genie – oder: Wie man sich in das Lernen neu verlieben kann, Paderborn (Junfermann), 1995

B. de Porter und M. Hernacki: Brain Training – Wie Sie Ihre mentalen Fähigkeiten optimal nutzen, München (Knaur), 1995

III. Literatur zu Gedankenlandkarten und „Mindmapping":

Vom Erfinder des Mindmapping seien zwei Bücher genannt:

T. Buzan: Kopftraining, Anleitung zum kreativen Denken – Tests und Übungen, München (Goldmann), 1993. *Mit diesem Buch startete das Mindmapping seinen weltweiten Siegeszug; entstanden auf dem Hintergrund des Hemisphärenmodells des Gehirns.*

T. Buzan und B. Buzan: Das Mind-Map-Buch, Landsberg a. L. (mvg-Verlag), 1996. *Die beiden Buzan-Brüder haben hier ihre jahrzehntelangen Erfahrungen mit Mindmapping zusammengetragen; graphisch aufwendig gestaltet.*

M. Kirckhoff: Mind Mapping – Einführung in eine kreative Arbeitsmethode, Offenbach (GABAL), 10. Auflage 1995. *Mit zahlreichen Anregungen für die eigene Mindmap-Praxis sowie Hinweisen für die Umsetzung in den beruflichen Alltag.*

M. Hertlein: Mind Mapping – die kreative Arbeitstechnik, Reinbek (Rowohlt), 3. Auflage 1998. *Kurze und prägnante Einführung in die Technik des Mindmapping.*

IV. Literatur zur Gehirnforschung:

Die folgenden Titel stellen die Ergebnisse der aktuellen Gehirnforschung dar:

O. Breidbach: Expeditionen ins Innere des Kopfes. Von Nervenzellen, Geist und Seele, Stuttgart (Thieme), 1993. *Populärwissenschaftliche Darstellung der Funktionsweise des Gehirns. Der Autor geht hier über die Zwei-Hemisphären-Theorie hinaus und entfaltet das derzeit gültige Gehirnmodell.*

G. Roth: Kopfarbeit, Gehirnfunktion und kognitive Leistungen, Heidelberg (Spektrum), 1996. *Ein Sammelband zur neu-*

robiologischen und psychologischen Erforschung von Gehirnfunktionen.

G. Roth: **Das Gehirn und seine Wirklichkeit. Kognitive Neurobiologie und ihre philosophischen Konsequenzen,** Frankfurt (Suhrkamp), 2. Auflage 1998. *Über Gehirn, Geist, Bewusstsein und gehirnbiologische Konstruktionen von Wirklichkeit; nützliche Informationen für die erkenntnistheoretische Diskussion um Realitätskonzepte.*

V. Literatur zur Intelligenz- und Kreativitätsforschung:

M. und I. S. Csikszentmihalyi: **Die außergewöhnliche Erfahrung im Alltag. Die Psychologie des Flow-Erlebnisses,** Stuttgart (Klett-Cotta), 1991. *Dieser Sammelband umfasst ein Modell des optimalen Erlebens sowie die Beschreibung von „Flow"-Erlebnissen im Alltag.*

M. Csikszentmihalyi: **Kreativität – Wie Sie das Unmögliche schaffen und Ihre Grenzen überwinden,** Stuttgart (Klett-Cotta), 1997. *In dieser Arbeit hat der Autor insgesamt 91 Personen aus den Bereichen Wissenschaft, Kultur und Politik in Bezug auf ihre kreativen Fähigkeiten untersucht. Im Mittelpunkt steht die Frage: „Was lässt Menschen kreativ werden?"*

H. Gardner: **Abschied vom IQ. Die Rahmentheorie der vielfachen Intelligenzen,** Stuttgart (Klett-Cotta), 2. Auflage 1994. *Der Autor lässt hier die traditionelle Intelligenzforschung hinter sich und stellt das Modell der „vielfachen Intelligenzen" vor.*

H. Gardner: **Der ungeschulte Kopf. Wie Kinder denken,** Stuttgart (Klett-Cotta), 2. Auflage 1994. *Plädoyer für eine neue Form der Wissensvermittlung in unseren Schulen; ein Buch nicht nur für Pädagogen und Bildungspolitiker.*

VI. Literatur zum Thema „Mentales Training":

B. Alman und P. Lambrou: Selbsthypnose – Ein Handbuch zur Selbsttherapie, Heidelberg (Carl-Auer-Systeme), 1995. *Enthält ein breites Spektrum an Entspannungstechniken und Strategien zur Stressbewältigung.*

D. Revenstorf und R. Zeyer: Hypnose lernen. Leistungssteigerung und Streßbewältigung durch Selbsthypnose, Heidelberg (Carl-Auer-Systeme), 1997. *Die beiden Autoren bieten neben Entspannungstechniken Vorschläge für persönliche Zielanalysen und individuell abgestimmte Trainingsprogramme.*

P. Wilson, Wege zur Ruhe. 100 Tricks und Techniken zur schnellen Entspannung, Reinbek (Rowohlt), 1997. *Viele praktische und konkrete Tipps.*

Über die Autoren

Günther Emlein ist Jahrgang 1951, evangelischer Kranken-
hauspfarrer am Universitätsklinikum Mainz, Lehrtherapeut
und Lehrender Supervisor der Systemischen Gesellschaft am
Institut für systemische Theorie und Praxis Frankfurt. Er hat
Ausbildungen in systemischer Beratung für Einzelne, Paare,
Familien und in Organisationsberatung und Schnell-Leseverfahren. Veröffentlichungen zu Themen der systemischen Beratung, Therapie und Organisationsberatung.

Wolfgang A. Kasper ist Jahrgang 1959, evangelischer Pfarrer
und Studienrat, unterrichtet an einem Gymnasium in Heidelberg und ist in der Referendarsausbildung tätig. Er absolvierte
Ausbildungen in systemischer Therapie und Beratung, lösungs-
orientierter Supervision, Mentalen Trainings und Schnell-Leseverfahren.

GEWAK-*Projekte*

Günther **E**mlein und **W**olfgang **A**. **K**asper

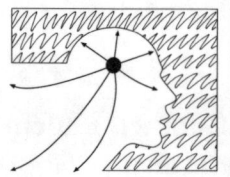

GEWAK-*Projekte* wendet sich an alle, die effektiver mit gedruckter und gesprochener Information umgehen wollen. Folgende Dienstleistungen und Produkte werden angeboten:

- Seminare „FlächenLesen": 2 x 2 Tage im Abstand von 4 – 6 Wochen
- „MindGong": Audio-CD mit chinesischen Gongs zur Entspannung

GEWAK-*Projekte*
Huxelrebenweg 114, D-55129 Mainz

Tel.: (06131) 508433; AB und Fax: (06131) 508438
Internet: http://www.GEWAK-Projekte.de
E-Mail: FlaechenLesen@GEWAK-Projekte.de

Win Wenger, Richard Poe:

Der Einstein-Faktor

398 Seiten. ISBN 3-932098-05-6

„Einstein selbst ... glaubte, man könnte geniale Gedanken anregen, indem man der Phantasie erlaubt, frei zu fließen, ungehindert von überkommenen Hemmungen. ... Einstein hat diese Technik nicht erfunden, aber weil er ihr berühmtester und aktivster Vertreter war, nenne ich sie die Einsteinsche Entdeckungstechnik. ... Wenn wir unser Genie in vollem Umfang freisetzen wollen, müssen wir den entscheidenden Katalysator finden, einen Trick oder Kniff, der unserem Körper, unseren Sinnen und unserem Geist zum notwendigen Fokus verhilft. Diesen Katalysator nenne ich den Einstein-Faktor.

Doc Childre, Bruce Cryer:

Vom Chaos zur Kohärenz

Herzintelligenz im Unternehmen

276 Seiten. ISBN 3-932098-65-X

Inner Quality Management – das ist ein brillanter neuer Ansatz: Mit ihm finden Unternehmen und Angestellte leistungsstark und gesund den Weg aus der Stress-Schraube. Im Mittelpunkt: die Herzintelligenz.
Ins Zentrum stellen die Autoren Aspekte wie:
• Selbstmanagement
• Kohärente Kommunikation
• Besseres Betriebsklima
• Strategien und Neuerungen.

Das **IAK Institut für Angewandte Kinesiologie GmbH, Freiburg,** veranstaltet laufend Kurse in *Touch For Health* (Gesund durch Berühren), in *Edu-Kinestetik*, in Entwicklungskinesiologie und in vielen anderen Bereichen der Angewandten Kinesiologie.

Dank enger persönlicher Kontakte zu den Pionieren der AK ist das Institut in der Lage, ständig die neuesten Entwicklungen auf diesem Gebiet zu präsentieren. Außerdem fördert das Institut die Verbreitung der Angewandten Kinesiologie im deutschsprachigen Raum durch Weitergabe von Kontaktadressen und Literaturhinweisen.

Das Kursprogramm des IAK und weitere Auskünfte erhalten Sie (nach Voreinsendung von Briefmarken im Wert von 3,– DM) bei:

IAK Institut für Angewandte Kinesiologie GmbH, Freiburg

Eschbachstraße 5, D-79199 Kirchzarten, Telefon 076 61-98 71-0, Telefax 076 61-98 71-49

Gail E. Dennison, Paul E. Dennison, Jarry V. Teplitz:

Brain GYM® fürs Büro

Illustriert von H. Klavinius

83 Seiten. ISBN 3-924077-79-7

Dieses Buch zeigt einfache Übungen, mit denen man Leistungsfähigkeit und Freude an der Arbeit mühelos steigern kann: Brain Gym® aktiviert und koordiniert beide Gehirnhälften und erhöht die Streßtoleranz. Jede der detailliert beschriebenen und flott illustrierten Übungen beansprucht nur 1–2 Minuten.

Janet Goodrich:

Natürlich besser sehen

269 Seiten. ISBN 3-924077-05-3

Natürlich besser sehen ist eine unterhaltsame „Schule des Sehens" von der Augentherapeutin Janet Goodrich. Dieses Buch lädt ein zu einer Reise, die Sie erleben läßt, wie das Sehen zustande kommt und wie Sie all seine Funktionen erneuern können.

Sharon Promislow:

Startklar für volle Leistung

Gehirn und Körper – ein starkes Team

191 Seiten. ISBN 3-932098-69-2

Sharon Promislow vermittelt in eingängiger Form Hintergrundwissen und einfache kinesiologische Übungen, mit denen man alle Ressourcen von Gehirn und Körper aktiviert, um …
• Stress zu reduzieren und sich besser zu fühlen,
• seine Leistungsfähigkeit zu steigern,
• leichter zu lernen und
• neue Reaktionsmuster zu entwickeln.